本著作是作者国家社科基金青年项目“唯物史观与当代历史主义关系研究”（项目编号：13CZX015）、中央党校创新工程项目“面向中国问题的哲学”的相关研究成果。

民族复兴的历史逻辑

焦佩锋 著

知识产权出版社
全国百佳图书出版单位

图书在版编目（CIP）数据

民族复兴的历史逻辑/焦佩锋著．—北京：知识产权出版社，2018.12

ISBN 978-7-5130-5980-0

Ⅰ.①民… Ⅱ.①焦… Ⅲ.①中国特色社会主义—社会主义建设模式—研究 Ⅳ.①D616

中国版本图书馆CIP数据核字（2018）第266646号

内容提要

本书从历史和逻辑、理论和实践相结合的角度对民族复兴问题作了历史主义解读，内容主要涉及历史思维的核心观点、马克思主义历史思维、当前强调历史思维的必要性、“两个百年”奋斗目标的历史逻辑、中国共产党团结带领人民实现这两大目标的实践逻辑、中国共产党的理论创新成果的历史思维解读以及对历史虚无主义的批判等。作者认为，民族复兴问题是中国近现代社会发展的自在逻辑，梳理和阐释这一逻辑对于系统深入地理解中国的现代化事业具有深远的理论和现实意义。

责任编辑：石红华　　**责任印制**：刘译文

封面设计：臧　磊

民族复兴的历史逻辑

焦佩锋　著

出版发行：	知识产权出版社有限责任公司	**网　址**：	http：//www.ipph.cn
社　址：	北京市海淀区气象路50号院	**邮　编**：	100081
责编电话：	010-82000860转8130	**责编邮箱**：	shihonghua@sina.com
发行电话：	010-82000860转8101/8102	**发行传真**：	010-82000893/82005070/82000270
印　刷：	北京嘉恒彩色印刷有限责任公司	**经　销**：	各大网上书店、新华书店及相关专业书店
开　本：	787mm×1092mm　1/16	**印　张**：	12.5
版　次：	2018年12月第1版	**印　次**：	2018年12月第1次印刷
字　数：	180千字	**定　价**：	48.00元

ISBN 978-7-5130-5980-0

今天世界遇到的很多事情可以在历史上找到影子，历史上发生的很多事情也可以作为今天的镜鉴。重视历史、研究历史、借鉴历史，可以给人类带来很多了解昨天、把握今天、开创明天的智慧。历史是人类最好的老师。

中国有着五千多年连续发展的文明史，观察历史的中国是观察当代的中国的一个重要角度。不了解中国历史和文化，尤其是不了解近代以来的中国历史和文化，就很难全面把握当代中国的社会状况，很难全面把握当代中国人民的抱负和梦想，很难全面把握中国人民选择的发展道路。中国人民正在为实现中华民族伟大复兴的中国梦而奋斗，需要从历史中汲取智慧。

——习近平："致第 22 届国际历史科学大会的贺信"，《人民日报》，2015 年 8 月 24 日。

前　言

在著名的《〈政治经济学批判〉序言》中，马克思坦陈，他学的专业本来是法律，但是他将其排在哲学和历史之次当作辅助学科来研究，原因是莱茵省议会关于摩泽尔农民盗窃林木问题的指正，使其看到了市民社会的“物质利益难题”与作为政治上层建筑的法律制度之间的深刻关联。为了厘清这一关联，马克思有效吸收了古典经济学对于劳动和财产问题的一般讨论，并对黑格尔的法哲学和历史哲学进行了彻底批判，从而完成了历史唯物主义理论的创立。在此基础上，他与恩格斯共同声称：“我们仅仅知道一门唯一的科学，即历史科学。”[1]

无疑，唯物史观的确立和巩固是国际共产主义运动得以有效展开的理论前提。当然，在学科发展的意义上，以马克思主义历史观为指导的马克思主义史学学科的建设和发展也在同时进行，所以时隔200年，当我们又一次遭遇历史虚无主义困境之际，用马克思主义历史思维来端正我们的历史认知并继续推进中国的现代化事业，或许是一项十分恰当的理论选择。质言之，梳理历史思维与中国共产党之间的内在关系是一项关乎理论和现实的双重性工作。

为此，本书有三个基本目的：第一个目的是说清楚“什么是历史思维”，尤其是马克思主义对于历史问题的根本立场和基本方法，从而为构建科学的历史思维确定一个理论基准；第二个目的是对历史思维与中国共产党，以及与中华民族复兴的历史使命之间的关系进行总体梳理；第三个目的是从历史和现实相贯通的角度对中国共产党人的历

[1] 《马克思恩格斯文集》第1卷，人民出版社2009年版，第516页。

史思维进行全面梳理，为批判历史虚无主义奠定雄厚的理论基础，进而达到端正历史认识、增强理论自信、合力推进改革的现实目的。

第一章，我们主要讨论了“什么是历史”“什么是历史思维”和“历史思维的核心观点”这三大问题，当然，我们的阐述主要是结合马克思主义历史理论来展开。我们认为，“历史”一词既包含了对“是什么”的客观记述，也包含了对“为什么”的原因分析。人既在历史之中，又在历史之外，人和历史是一种辩证的统一关系。人的思维本质上是一种历史思维，我们需要结合社会基本矛盾运动来把握过去、现在和未来的关系。历史思维主要强调三个核心原则：一是客观真实性，即人们的物质生活状况是理解全部历史现象的基础，这是历史的客观基础；二是连续过程性，即社会历史的发展是一个过程，这与人的需要的“产生—满足—再产生—再满足”的时间链条相一致；三是发展前进性，即发展和前进始终是历史发展的主流，批判的超越和螺旋式上升是历史发展的基本形式。

第二章，我们主要分析了当前强调历史思维的必要性，具体包括：(1) 从增强政治自信的角度，对当前世界纷繁复杂的政治形势、中国共产党人实现民族复兴的使命担当和敢于牺牲的价值风范分别进行了论述，这主要是为了提升政治认同；(2) 从理解中国社会发展的连续性的角度，对历史思维的三个基本点进行了阐述，这主要是为防止隔断历史，犯非历史主义错误；(3) 从认同并继续深化改革的角度，就民族的历史记忆、人们的美好生活的期待和党的建设三个维度进行了阐释，这主要是为了全面深化改革，树立一种“改革永远在路上”的历史接力意识。

第三章，通过对中国共产党在革命、建设和改革这三大历史时期的历史思维的梳理，我们认为，历史思维是中国共产党实践逻辑的有力体现。历史证明，凡是依据马克思主义社会基本矛盾理论来认识中国的历史和现实的时期，中国共产党都能找准中国的问题，并实现最大限度的思想认同和最大范围的民众团结；凡是没有从这一实际出发来判断世情、国情和党情的历史时期，我们都犯了重大的历史错误，而纠正这些错误的过程恰恰又印证了马克思主义所揭示的社会基本矛盾运动的规律性。这充分说明，马克思主义所强调的唯物史观基本原理与中国社会的历史逻辑具有统一性，而这也是我们认知中国近现代史和民族复兴问题的一个唯物主义基础。

第四章，主要是从中国共产党基于马克思主义基本原理的中国化创新的理论逻辑对中国历史进行了再次梳理。我们认为：（1）政治革命和重塑上层建筑是毛泽东思想的底色，这主要表现在思想、政治、经济和军事四大领域；（2）中国特色社会主义理论体系的实质是推动经济建设，夯实中国社会的经济基础，40 年经济的快速发展与这一理论体系形成了呼应关系；（3）中国特色社会主义事业步入新时代，以“五大建设” + “治理体系与治理能力现代化”为基本内容的习近平新时代中国特色社会主义思想是实现民族复兴，全面建成小康社会和社会主义现代化强国的理论指南。质言之，理论创新和实践创新是中国特色社会主义事业发展的根本特点。

第五章，我们对习近平新时代中国特色社会主义思想本身所包含和体现的历史思维进行了解读。具体来讲，它体现为“不忘前人的历史智慧”“聚焦当下的历史阶段”和“拓展未来的发展空间”这三个基本方面。这充分说明，中国共产党因为“中国问题”而诞生，因为“中国问题”而存在，保障和实现中国千千万万人民群众的根本利益是“中国问题”的实质，这也是确保中国共产党长治久安的关键基础。因此，步入中国特色社会主义事业发展的新时代，我们要充分把握“中国问题”的历史性质，这个宏大的历史维度是理解党情、国情和世情的理论基础。

第六章，我们对习近平新时代中国特色社会主义思想所包含的历史思维进行学理解读。我们理解，这一思想所体现的历史思维不能被视作一种一般的历史意识，而首先要被解读为一种厚重的历史责任感，这主要表现为对人民这个主体负责、对党这个政治主体负责以及对未来发展负责。此外，从历史认识论和方法论的现实意义出发，我们认为，警示意义体现的是历史对我们的反面意义，启迪意义体现的是历史对我们的正面意义，激励意义体现的是历史对我们的实践意义。所以，对待历史既要“瞻前”也要“顾后”，历史既不能随意玩弄和戏说，也不能随意穿越和想象，只有以求实严谨的态度对待历史，我们才能赢得光明的未来。

第七章，我们对历史虚无主义思潮进行了专门解析和批判。我们认为，必须旗帜鲜明地反对历史虚无主义思潮，要善于对涂抹、歪曲、戏说和拼凑历史的各种历史虚无主义观点进行及时有力的批判，要看清历史虚无主义的自由主义、相对主义和无政府主义底色。从根本上说，马克思主义历史思维和历史虚无主义是两种根本对立的历史认识论，马克思主义历史思维是以对历史事实和历史规律的认可、尊重和应用为前提的，而历史虚无主义是以对历史事实和历史规律的质疑、批判甚至否定为能事的，这种“主义”只会把人变成“无根的存在”，所以，提倡历史思维必须反对历史虚无主义。

总之，历史思维是一种重要的思想方法，马克思主义历史理论是一种科学的历史思维方式，这种思维方式与其整个理论所体现的立场、观点和方法遥相呼应。中国共产党人始终以马克思主义作为自己的指导思想，马克思主义关于历史的性质、动力、阶段和方向的认识是中国共产党认识和解决中国问题的积极理论资源。历史思维是中国共产党执政逻辑的有力体现。毛泽东和邓小平同志不仅多次强调铭记历史、开创历史的重要意义，而且以自己的生命实践推动了中国革命、建设和改革的历史性前进。中国特色社会主义进入新时代，习近平总书记更是专门指出，“历史、现实、未来是相通的。历史是过去的现实，现实是未来的历史。要把党的十八大确立的改革开放重大部署落实好，就要认真回顾和深入总结改革开放的历程，更加深刻地认识改革开放的历史必然性，更加自觉地把握改革开放的规律性，更加坚定地肩负起深化改革开放的重大责任。”[1] 所以，对于当代人而言，推动改革发展的责任感不仅源于对岗位、职责和使命的敬重，而且源于对历史、

---

[1] 习近平著：《习近平谈治国理政》，外文出版社 2014 年版，第 67 页。

民族和未来的担当。只有先对历史负责，才能对现实负责。只有掌握历史思维，我们才能发现社会治理和政治生活的规律性；只有掌握历史思维，我们才能实现科学执政和长期执政的根本目的。简言之，学习和掌握历史思维是做好一切工作的基本要求。

需要说明的是，本书只是基于马克思主义历史理论对历史思维方法的一种初步研究和梳理，由于本人学术视野和研究水平的限制，书中难免有诸多不当甚至错讹之处，敬请社会各界不吝批评指正。

目　录

第一章　历史与历史思维

人是过去历史的主体，也是当下历史的主体。每个人都生活在历史之中，每个人的存在都是一种历史性存在。历史思维是人的精神活动的一种重要而深刻的形式，透过历史，我们不仅能够知道过去发生了什么，而且能够领会自己应该做什么，因此，历史对于后人具有真理和价值两重意义，历史思维所担当和实现的便是这两种含义。更为重要的是，马克思的唯物史观代表了对历史问题的真正回答，它意味着真正的历史科学和历史理论的创建，这是我们展开全部历史思考和历史写作的思想基础。

一、什么是"历史"

按照黑格尔在《历史哲学》中的经典解释，"历史"一词包含两重含义，"记载过去发生的事情"是其第一种含义；"理解过去发生的事情"属于第二种含义。这一定义已经基本为中外学界所认可，它也因此构成了后世讨论历史问题的两个基本维度，即历史本体论和历史认识论、思辨的历史哲学和分析的历史哲学。若从学科功能的角度去看，"记载过去发生的事情"实际上是历史学的任务，这主要是从客观主义立场如实记载"过去发生了什么"；"理解过去发生的事情"则是哲学的任务，这主要是借助人的主观的知、情、意等因素去理解并阐释事情发生的原因及结果等问题。因此，"历史"二字天然意味着客观和主观的两个相对区别的维度，在此，客观性主要侧重于时间、地点、人物和事件等"史料性要素"，主观性主要侧重于价值标准、撰史标准和历史意义等"理论性要素"。简言之，"历史"二字既包含了对"是什么”的客观记述，也包含了对“为什么”的原因分析，真正科学的历史理论一定是这两个方面的有机统一，而非专注于史料挖掘的考据学，也非侧重于理论的解释学。

马克思的唯物史观是一种科学的历史观，它真正地道出了人以及人的活动对于历史的全部意义，因而，它将历史的内容真正还给了历史。大致而言，在历史问题上，马克思主义的基本观点有以下内容。

首先，历史是人的历史。

马克思主义哲学有一个唯物主义前提，这个前提同样适用于其历史理论。马克思和恩格斯共同指出，历史唯物主义“从现实的前提出发，它一刻也离不开这种前提。它的前提是人，但不是处在某种虚幻的离群索居和固定不变状态中的人，而是处在现实的、可以通过经验观察到的、在一定条件下进行的发展过程中的人。”❶ 前提决定结论，唯物主义的前提决定了唯物主义的结论。所以，在研究和述说历史时，只有结合了人的现实的发展的需要和人的交往的动态过程，我们才能得到一部鲜活的人类史。“只要描绘出这个能动的生活过程，历史就不再像那些本身还是抽象的经验论者所认为的那样，是一些僵死的事实的汇集，也不再像唯心主义者所认为的那样，是想象的主体的想象活动。”❷ 所以，历史总是特定的生产和交往活动下的历史，马克思主义从来都反对抽象地谈论历史，而是要实证地研究历史，在这种条件下，人的物质生产和精神生产才会呈现出丰富多彩的一面。脱离了大环境和大群体，我们必然陷入对历史的抽象理解。

当然，马克思主义并不反对从大量的历史素材中进行理论抽象，而是反对脱离历史实际进行无原则的抽象。在阅读过去的历史时，不要只看到英雄人物，不要以为只有英雄人物的故事才是历史。马克思提醒我们，时势造英雄，杰出人物可以对历史起到较强的推动作用，但是，前提是他们必须踩准时代的节拍，顺应时代的需要。马克思和

❶ 《马克思恩格斯选集》第1卷，人民出版社1995年版，第73页。

❷ 同上注。

恩格斯有句名言："没有蒸汽机和珍妮走锭精纺机就不能消灭奴隶制；没有改良的农业就不能消灭农奴制"[1]。可见，人类社会的进步决不是某个伟大人物或超凡能力作用的结果，而是劳动工具和生产方式变革的结果，杰出的个人只是特定的工业、商业、农业和交往状况的代表，而不是相反。再杰出的个人，如果脱离了人民群众的期待和社会生产的需要，那么，他只能是一个孤零零的个体。

其次，社会基本矛盾之间的辩证运动是历史发展的动力。

1859 年，马克思对自己的唯物主义历史观做过一次完整而又经典的概括。他说："人们在自己生活的社会生产中发生一定的、必然的、不以他们的意志为转移的关系，即同他们的物质生产力的一定发展阶段相适合的生产关系，这些生产关系的总和构成社会的经济结构，即有法律的和政治的上层建筑竖立其上并有一定的社会意识形式与之相适应的现实基础。物质生活的生产方式制约着整个社会生活、政治生活和精神生活的过程。……社会的物质生产力发展的一定阶段，便同它一直在其中运动的现存的生产关系或财产关系（这只是生产关系的法律用语）发生矛盾。于是这些关系便由生产力的发展形式变成生产力的桎梏。那时社会革命的时代就到来了。随着经济基础的变更，全部庞大的上层建筑也或慢或快地发生变革。"[2] 这段话在整个历史唯物主义理论体系中具有典范性意义，马克思在这里其实是从静态和动态两个角度对人类社会历史的存在结构和发展机理进行了科学揭示，这个理论对于解释社会变革具有重要的方法论意义。在 2013 年 11 月召开的十八届三中全会第二次全体会上，习近平专门引用了马克思的这段话对中国经济体制改革的重要性和必要性作了论证。他指出，经济体制改革对其他方面改革具有重要影响和传导作用，重大经济体制改革的进度决定着其他方面很多体制改革的进度，具有牵一发而动全身的作用。在全面深化改革中，我们要坚持以经济体制改革为主轴，努力

---

[1] 《马克思恩格斯选集》第 1 卷，人民出版社 1995 年版，第 74 页。

[2] 《马克思恩格斯选集》第 2 卷，人民出版社 1995 年版，第 32—33 页。

在重要领域和关键环节取得新突破，以此牵引和带动其他领域改革，使各方面改革协同推进、形成合力，而不是各自为政、分散用力。

所以，正如马克思所说的那样，“我们判断一个人不能以他对自己的看法为根据，同样，我们判断这样一个变革的时代也不能以它的意识为根据，相反，这个意识必须从物质生活的矛盾中，从社会生产力和生产关系之间的现存冲突中去解释。”❶ 生产力的解放和发展对于社会的发展和变革具有基础性和根本性意义，这是整个社会历史活动的基础，我们的政治活动和精神活动也必须尊崇这个规律，这是破除历史循环论、历史停滞论、历史相对主义和历史虚无主义等诸多历史谬论的理论标尺。

最后，历史发展是各种力量综合作用的结果。

马克思说过，历史不过是有目的的人的活动的结果。对此，恩格斯也表示高度认同，他更进一步指出，“在社会历史领域内进行活动的，是具有意识的、经过思虑或凭激情行动的、追求某种目的的人；任何事情的发生都不是没有自觉的意图，没有预期的目的的。”❷ “人们通过每个人追求他自己的、自觉期望的目的而创造自己的历史，却不管这种历史的结局如何，而这许多按不同方向活动的愿望及其对外部世界的各种各样影响所产生的结果，就是历史。”❸ 值得一提的是，恩格斯同时强调，人的动机有时候是相反和互相冲突的，但是，在更为宏大的生产力和生产关系的作用面前，人的欲望会互相对冲，人的动机“对全部结果来说同样地只有从属的意义。”❹ 仔细想想，实际情况确实如此。对于历史，我们并不是“过客”，我们都是带着特定的期望和目的在历史中活动，恩格斯指出，“问题也在于，这许多单个人的人所预期的是什么。愿望是由激情或思虑来决定的。而直接决定激情或思虑的杠杆是各式各样的。有的可能是外界的事物，有的可能是精

---

❶ 《马克思恩格斯选集》第 2 卷，人民出版社 1995 年版，第 33 页。
❷ 《马克思恩格斯选集》第 1 卷，人民出版社 1995 年版，第 247 页。
❸ 《马克思恩格斯全集》第 21 卷，人民出版社 1965 年版，第 342 页。
❹ 《马克思恩格斯文集》第 4 卷，人民出版社 2009 年版，第 303 页。

神方面的动机，如功名心、‘对真理和正义的热忱’、个人的憎恶，或者甚至是各种纯粹个人的怪想。”❶ 可见，在社会生活中，每个人的想法和行动是多种多样的，这决定了生活方式的多样性和社会发展的多种可能性。但是，人与人的欲望既有一致性和相似性，也有差异性和对立性，所以，社会按照个体愿望的发展很正常，不按照个体愿望的发展也很正常。实际上，后一种情况往往是普遍情况。纵观历史，个体的动机和行为对于社会历史确实有重大影响，但是，这并不意味着个人可以随意主宰历史，而是只能在适应历史需要的前提下对历史发生影响，这同时意味着，作为个体的我们对于历史只有从属的意义，而这个根本机制还需要从历史自身中去探求。

那么，偶然性背后有没有必然性呢？或者说，主体与客体、偶然与必然之间的内在关系究竟如何？对此问题，恩格斯认为，“如果要去探究那些隐藏在——自觉地或不自觉地，而且往往是不自觉地——历史人物的动机背后并且构成历史的真正的最后动力的动力，那么问题涉及的，与其说是个别人物，即使是非常杰出的人物的动机，不如说是使广大群众、使整个整个的民族，并且在每一民族中间又是使整个整个阶级行动起来的动机；而且也不是短暂的爆发和转瞬即逝的火光，而是持久的、引起重大变迁的行动。……这是能够引导我们去探索那些在整个历史中以及个别时期和个别国家的历史中起支配作用的规律的唯一途径。”❷ 可见，马克思主义创始人并不是不重视人的作用，但是，在他们这里，人是“大写的人”，而不是“小写的人”，“大写的人”意味着群体和阶层，而不是个体和自我，所以，历史的发展往往受两股力量的影响，一个是个体的力量，另一个是群体的力量。归根到底，群体的力量是根本力量，这种力量是社会存在的整体人群象征和意志表达，因而，历史中无数个体的力量最终会汇聚成一个力的平行四边形，而两个对角之间的直线便是体现历史必然性的东西。这个

❶ 《马克思恩格斯选集》第 4 卷，人民出版社 1995 年版，第 248 页。

❷ 《马克思恩格斯选集》第 1 卷，人民出版社 1995 年版，第 249 页。

必然性的东西便是人民的普遍愿望的浓缩和写照，而这一点往往表现在时代的生产力和交换关系之间的矛盾中。所谓的人民意志和时代精神其实是生产和分配关系的有效表征。

因此，我们认为，马克思和恩格斯真正完成了对历史问题的回答。在驳斥英国史学家托马斯·卡莱尔时，恩格斯专门指出："历史就是我们的一切，我们比任何一个哲学学派，甚至比黑格尔，都更重视历史。"[1] 实际情况是，马克思和恩格斯也曾明确地希望将自己的理论称为"唯一真正的历史科学"[2]，但是，他们并没有通过构造抽象的概念和理论体系来界说历史，而是将通过人的现实需要和生产活动对自然史和人类史进行了一体化理解。所以，马克思主义历史科学不等于用时间、地点、人物和事件堆砌出来的历史知识，而是基于人的生产交往活动对历史的性质、动力、形态和趋势进行了综合性分析，在批判历史唯物主义的前提下，他们重置了历史的唯物主义基础，在此基础上，人类社会的生产和交换关系是历史发展的基本内容，这是我们评价历史人物、分析历史关联、展望历史趋势的方法论依据。

二、什么是历史思维

有历史就有对历史的思考，将当下与过去进行联系和比较是人类历史思维的一般样式。从学理上讲，历史思维就是运用人的理性思维能力对过去发生的历史事实进行理解、分析和评价，并且，在通常情况下，对历史事件之间的因果联系、历史过程之间的相继过程、历史发展趋势的预判展望是历史思维的一般功用和主要表现。从马克思的唯物史观出发，历史思维主要表现如下。

首先，人的思维在本质上具有历史性。

在黑格尔看来，历史往往以三种存在方式，即（1）原始的历史；（2）反省的历史；（3）哲学的历史。具体而言：所谓原始的历史，就

---

[1] 《马克思恩格斯全集》第1卷，人民出版社1956年版，第650页。

[2] 《马克思恩格斯文集》第1卷，人民出版社2009年版，第516页。

是对亲眼所见的行动、事变和情况进行记述，在这个意义上，历史的记述者是历史事件的剧中人，这种历史最大的特点是没有经过反省，是什么就记什么，不做任何加工和阐释。希罗多德和修昔底德便是这种历史思维的代表。所谓反省的历史，就是记述和研究的范围超出了史实的范围，史学家按照某种治史方法和原则对史料进行删减编排，这种历史著作读来生动有趣，读者往往会获得身临其境的感觉，但是，黑格尔也提醒我们，在这类著作中，史学家主观想象的尺度有时很大，甚至产生与真实的历史记录背道而驰的结果。所谓哲学的历史，是对历史的真正把握。在黑格尔看来，"'理性'是万物的无限的内容，是万物的精华和真相"❶。"谁用合理的眼光来看世界，那世界也就出现合理的样子"❷。理性就是绝对精神，它支配着世界。如果说"物质"的本质是重力或者地心引力，那么，"精神"的本质就是自由，物质可以消亡或者走向它的对立面，而精神除了自身以外没有什么统一性，它存在于自身之中，依靠本身而存在。这是一种自我意识，在自我意识里，"我知道"和"我知道什么"相统一，它回到自己同时实现自己，精神是人之为人的本质，物质世界属于精神世界，精神的本质是自由，"自由本身便是它自己追求的目的和'精神'的唯一的目的。这个最后目的便是世界历史。"❸ 所以，对于黑格尔来说，绝对精神是世界历史的主宰和展现，现实的人的物质活动也受理性主宰。

黑格尔的哲学体现了巨大的历史感，但是，在他那里，存在受思维决定，他在赋予思维以极大荣耀的同时也使人类的历史受制于上帝的隐秘计划。马克思主义认为，人的存在决定人的思维，存在过程的历史性决定了人的思维的历史性，这便是马克思主义所发动的哲学思维方式的革命。这种革命的最大意义在于，它使思维活动第一次获得了历史的唯物主义基础。恩格斯指出："每一时代的理论思维，包括我

---

❶ 黑格尔著：《历史哲学》，王造时译，上海书店出版社 2006 年版，第 8 页。
❷ 黑格尔著：《历史哲学》，王造时译，上海书店出版社 2006 年版，第 10 页。
❸ 黑格尔著：《历史哲学》，王造时译，上海书店出版社 2006 年版，第 18 页。

们时代的理论思维，都是一种历史的产物，它在不同的时代具有完全不同的形式，同时也具有完全不同的内容。因此，关于思维的科学，也和其他各门科学一样，是一种历史的科学，是关于人的思维的历史发展的科学。”❶ 在此，恩格斯就是要提醒我们，人的思维具历史性，这种思维也是历史的产物，我们不要过度放大人的思想认识，任何思想认识的成果都必然带有时代的痕迹，人类思维的成熟和发展过程就是人类历史的发生发展过程，我们只有跟随人自身的物质生产活动才能正确地理解人类过去的历史。在这个意义上，农耕文明必然伴随农业思维，工业文明必然伴随商品思维，互联网时代必然伴随互联网思维，我们的生活方式决定了我们的思维方式，我们的思维方式的发展是一个自然历史的过程。质言之，人的思维活动具有历史性。

其次，历史思维主要表现为时间思维。

历史的发展是一个连续性的时间过程，所以，人的思维活动也是在时间逻辑中展开并完成的。马克思和恩格斯指出：“历史不外是各个世代的依次交替。每一代都利用以前各代留下来的材料、资金和生产力；由于这个缘故，每一代一方面在完全改变了的环境下继续从事所继承的活动，另一方面又通过完全改变了的活动来变更旧的环境。”❷ 可见，马克思和恩格斯并不是抽象地谈论历史，而是告诉我们，历史是基于人类的生产实践不断继承和发展的，所以，与自然界事物一样，人类社会也有一个从低级向高级、从简单到复杂、从不自由向更自由发展的过程，时间便是对这种过程的最好记载。

拿一个人来说，从 8 岁、18 岁、28 岁、38 岁到 48 岁、58 岁、68 岁、78 岁等，每个阶段都是你自己，但又不全是你自己，真正的自我应该从整个时间中去把握和理解。因而，作为个体以及个体化的生命过程，我们每个人都是独一无二的，但是，在时间中，人的生命增加了宽度，充盈着厚度，我们不能用 58 岁的标准去衡量 28 岁的自己，

---

❶ 《马克思恩格斯选集》第 4 卷，人民出版社 1995 年版，第 284 页。

❷ 《马克思恩格斯选集》第 1 卷，人民出版社 1995 年版，第 88 页。

反过来说，用28岁的标准去衡量58岁的自己也是一种历史的错位。人在自己生命的每一个阶段都有无可替代的精彩，即便是在过去犯了错误，走了弯路，也有其历史合理性，问题在于承认这种历史合理性，而不是遮遮掩掩，甚至一概否定，只有直面自己过去的发展过程，才能获得人生的进步和提升。对一个民族而言，也是如此。没有哪一个民族天生伟大，没有任何一部法律天然成熟。诚如法学家萨维尼所言，“法律随着民族的成长而成长，随着民族的壮大而壮大，随后，随着民族对于其民族性的丧失而消亡。”[1] 的确，法律必然是习惯法、风俗法，民族的生活习惯、风土人情、文化习惯是法律赖以诞生和完善的土壤，离开了这个，我们只能获得对法律的抽象理解和搬用，适合别人的法律不一定适合自己，有时候甚至会闹出“驴唇不对马嘴”的闹剧。

所以，无论是一个个人，还是一个民族，抑或是一个政党和国家，如果不能整体地面对自己的过去，那么，就会犯割裂历史的“非历史主义”错误，反过来说，历史是最好的清醒剂，只有认清了经验和教训，我们才能获得成熟和成长，否则，如果掩盖甚至篡改历史，那么，我们必然无法赢得历史同路人的尊重和历史后来者的善待，在某种情况下，我们甚至要为此付出沉重的代价，这便是时间思维的重要性。

最后，要认清历史发展的辩证机理。

马克思主义认为，矛盾是事物存在和发展的动力。万事万物有矛盾，时时处处有矛盾，矛盾存在于一切事物内部，贯穿于事物发展的全过程，围绕在一切事物的周围。整个自然界、人类社会和人的思维都是在矛盾运动中发展前进的。与马克思主义一脉相承，毛泽东同志就非常重视历史事物发展的这种内部辩证运动。他曾经指出：“历史上新的正确的东西，在开始的时候常常得不到多数人承认，只能在斗争中曲折地发展。正确的东西，好的东西，人们一开始常常不承认它们是香花，反而把它们看作毒草。哥白尼关于太阳系的学说，达尔文的

---

[1] 萨维尼著：《论立法与法学的当代使命》，许章润译，中国法制出版社2001年版，第9页。

进化论，都曾经被看作是错误的东西，都曾经经历艰苦的斗争。”[1] 可见，对于任何事物，我们都不能一概而论，决不能抓住一点不及其余，而是既要看到正面事物也要看到反面事物，看到事物内部矛盾对立的双方之间的辩证运动关系，如果离开了对矛盾规律的认识，我们就很难把握历史发展的内在机制和秘密。

因此，强调历史思维意味着要看到事物存在和发展的矛盾结构。更进一步说，既要看到矛盾的数量和布局，又要看到矛盾的性质和价值；既要看到矛盾存在的条件和土壤，又要看到矛盾发展的结构和态势。当然，认识矛盾需要时间，分析矛盾需要时间，解决矛盾更需要时间。矛盾是在时间中存在、发展和消灭的，因此，我们的思维活动也要与矛盾的客观进程相结合，而不能脱离事物现实的矛盾运动去抽象地解决矛盾。质言之，矛盾是世界之为世界的根本，离开了矛盾，这个世界的发展将会停止，而矛盾的产生、发展、转化和消亡有一个变化过程，这个过程就是时间，就是历史。

三、历史思维的核心观点

若就历史思维活动的一般原则和特点而言，其主要指向三个维度，具体是：(1) 不能歪曲历史，要尊重客观发生的历史事实。这是因为，“史实”是历史对我们发生意义的首要前提，没有历史事实，对历史任何形式的价值讨论和意义辩论都无从谈起。(2) 不能隔断历史，要尊重历史发展的总体过程。人的活动是一种目的性活动，历史的发展包含着人的愿望和目的，尽管有时候历史会有停滞和倒退，但是，总体来看，人类的历史发展是一种由低级阶段向高级阶段的跃进过程，我们要善于将事件放在历史的长河中去定位和分析。(3) 不能鼠目寸光，要看清历史发展的总体趋势。每个人的知识、能力、眼光都受时代条件的制约，按照唯物辩证法，运动是绝对的，静止是相对的。同样，放眼历史，尽管有停止甚至倒退，但是，进步和发展是历史的总体趋

[1] 《毛泽东选集》第5卷，人民出版社1977年版，第388—389页。

势，只有着眼大势谋大事，我们才会做出顺应时代潮流和历史趋势的判断和成就。

1. 不能歪曲历史，要尊重历史事实

无论什么人，无论什么事，只有置于自身的存在背景中才能得到全面、准确的理解，所以，讲历史思维，首要的观点就是要重视客观存在的事情，要直面过去，它要求我们必须坚持“一切从历史实际出发”的认识论原则。

与“历史”一词的两重性含义一样，“历史实际”也包含着两种指向，一种是指过去发生的真实的历史事件，另一种是指对过去发生的历史事件的记载和阐释。有人可能会质疑，这两种历史实际，哪一种为真呢？我们认为，历史可以从多个角度去揭示和解释，在很多情况下，对历史真相揭示的角度越多，我们对过去的理解才能更丰富和完整。但是，真相只有一个，作为后人，我们研究历史不仅要知道古人的性别、年龄、居所和生平，而且还要知道其生存的社会背景与其行为之间的相关性，历史既可以是“人口史”“服饰史”“建筑史”“冶炼史”“农具史”等具象形态的历史，也可以是“交往史”“制度史”“思想史”“文化史”等抽象形态的历史。就意义而言，两者都表现了历史的真实，前者是后者的基础，后者是前者的深化。如果史料准确，治史公正，那么，两者都可以视作“历史的实际”。所以，历史是“多”和“一”的统一，“多”是表面现象和感性素材，“一”是内在机理和发展规律，只有坚持“多”和“一”相结合，我们才既能实现对物象形态的史料的准确辨识，又能实现对历史事件、历史人物、历史变革的意义发掘。

马克思主义历史观是历史研究的指南，它实现了“多”和“一”的有机统一。这是因为，它既重视对物象形态的物质生产方式（尤其是劳动生产工具）和科学技术手段的社会作用的揭示，也重视对生产交换关系（尤其是劳动产品的所有、占有、使用和分配）和思想意识形态的考察。恩格斯曾经指出：“唯物主义历史观从下述原理出发：生产以及随生产而来的产品交换是一切社会制度的基础；在每个历史地出现的社会中，产品分配以及和它相伴随的社会之划分为阶级或等级，是由生产什么、怎样生产以及怎样交换产品来决定的。所以，一切社会变迁和政治变革的终极原因，不应当到人们的头脑中，到人们对永恒的真理和正义的日益增进的认识中去寻找，而应当到生产方式和交换方式的变更中去寻找；不应当到有关时代的哲学中去寻找，而应当到有关时代的经济中去寻找。”[1] 在此，恩格斯说得很清楚，生产方式是社会历史变革的基础，这是历史的真相，这是全部历史记述的重点以及历史阐述的最高依据和准则。

在此现实中，“生产什么”和“怎样生产”紧密联系在一起，促动社会变革的真正原因是人的需要所引发的生产方式和合作方式的变革，所以，在考察过去的历史时，我们不能将抽象的正义、自由和真理等字眼作为考察历史的根本标准，即使历史中曾经诞生了某种超越于时代之上的“哲学”，那么，我们也要注意这种“哲学”所发生的社会历史条件和现实生活需求，存在是源，意识是流，不能主次颠倒。所以，马克思主义使社会主义从空想变成了科学，使历史知识和历史理论、历史和逻辑完成了有机统一，因而是科学的世界观和方法论。

需要说明的是，马克思主义重视生产，但不等于生产决定论；马克思主义重视生产关系，也不等于生产关系决定论；马克思主义重视技术，但不等于技术决定论；马克思主义重视阶级，但不等于阶级斗争决定论。马克思主义所揭示的“历史之真”是生产力和生产关系、经济基础和上层建筑之间的综合作用，这种作用需要我们用辩证性和动态化的思维方式去加以把握和体会。所以，马克思说：“把经济范畴按它们在历史上起决定作用的先后次序来排列是不行的、错误的。它们的次序倒是由它们在现代资产阶级社会中的相互关系决定的，这种关系同表现出来的它们的自然次序或者符合历史发展的次序恰好相反。问题不在于各种经济关系在不同社会形式的相继更替的序列中在历史

---

[1] 《马克思恩格斯选集》第3卷，人民出版社1995年版，第617—618页。

上占什么地位，更不在于它们在‘观念上’的顺序。而在于它们在现代资产阶级社会内部的结构。”[1] 这个结构就是资本、雇佣劳动、土地所有制及其相互关系，坚持历史思维的客观性就是要看到这些经济范畴在不同社会的不同存在结构，这便是马克思主义所讲的历史的客观性。

马克思曾经举例说，“大家知道，希腊神话不只是希腊艺术的武库，而且是它的土壤。成为希腊人的幻想的基础、从而成为希腊［艺术］的基础的那种对自然的观点和对社会关系的观点，能够同走锭精纺机、铁道、机车和电报并存吗？在罗伯茨公司面前，武尔坎又在哪里？在避雷针面前，丘比特又在哪里？在动产信用公司面前，海尔梅斯又在哪里？任何神话都是用想象和借助想象以征服自然力，支配自然力，把自然力加以形象化；因而，随着这些自然力实际上被支配，神话也就消失了。在印刷所广场旁边，法玛还成什么？希腊艺术的前提是希腊神话，也就是已经通过人民的幻想用一种不自觉的艺术方式加工过的自然和社会形式本身。”[2] 但是，马克思更加深刻地指出，把希腊艺术与希腊社会结合起来理解并不难，难就难在我们很难理解希腊艺术为何能够穿越千年依然能给我们带来高级的艺术享受？对此，他回答道：“儿童的天真不使成人感到愉快吗？他自己不该努力在一个更高的阶梯上把儿童的真实再现出来吗？……希腊人是正常的儿童。他们的艺术对我们所产生的魅力，同这种艺术在其中生长的那个不发达的社会阶段并不矛盾。这种艺术倒是这个社会阶段的结果，并且是同这种艺术在其中产生而且只能在其中产生的那些未成熟的社会条件永远不能复返这一点分不开的。”[3] 对每个人而言，童年都是美好的，这种美好可以穿越岁月的年轮让人得到精神的愉悦和慰藉。马克思告诉我们，人类精神的富足与心灵的愉悦往往伴随着艰难困苦，因为这

---

[1] 《马克思恩格斯选集》第 2 卷，人民出版社 1995 年版，第 25 页。

[2] 《马克思恩格斯选集》第 2 卷，人民出版社 1995 年版，第 29 页。

[3] 《马克思恩格斯选集》第 2 卷，人民出版社 1995 年版，第 29—30 页。

个时期精神对人的激励作用最大，也最重要。“铁器时代”的纯真与“大机器时代”的快乐自然不能相提并论，这是因为二者表现的是不同发展阶段的人的生存能力，我们回忆过去是为了找到未经岁月洗刷的纯真，这种纯真可以在“大机器时代”得到回忆和复现，这既是人与历史之间的对立性，也是人与历史之间的统一性。这是一种历史和逻辑的统一，这便是马克思主义政治经济学的研究方法，这个方法是我们获得客观真实性的前提，我们需要不断重视这个前提，因为这是实现历史思维客观性的重要基础。

因而，过去是存在的，无论它多么的不堪回首抑或幸福甜蜜，我们都需要直接面对。每个人、每个国家、每个民族都从过去中走来，对于过去的历史，我们不能选择性记忆，更不能选择性遗忘，只有理解了过去，才能理解现在，历史为我们规定了某种存在和发展的性质和道路。正是在此意义上，习近平指出，每个国家和民族的历史传统、文化积淀、基本国情不同，其发展道路必然也会有自己的特色，中华民族最深沉的精神追求是中华民族生生不息、发展壮大的丰厚滋养，独特的文化传统，独特的历史命运，独特的基本国情，注定了我们必然要走适合自己特点的发展道路，这条道路就是中国特色社会主义，它植根于中华文化沃土、反映了中国人民意愿、适应了中国和时代发展进步的要求，有着深厚的历史渊源和广泛的现实基础，这条道路具有历史的合法性。[1]

2. 不能隔断历史，要把握历史过程

承认历史就必须承认历史发展的连续性过程。当然，有的人会认为，历史也充满了曲折性、偶然性、多样性，在一定的条件下和范围内，历史运动往往呈现出循环发展甚至停滞倒退的特点，但是，总体而言，所有这些特点都服从于一个更为根本的特点，那就是，历史是在曲折中发展，在波浪中前进并呈螺旋式上升趋势，这是马克思主义

---

[1] 参见习近平著：《习近平谈治国理政》，外文出版社 2014 年版，第 155—156 页。

关于历史发展的基本观点。

首先，在唯物辩证法的基础上理解历史过程。

如果没有唯物辩证法这个基础，整个马克思主义将变得不可理解，换言之，如果偏离或者脱离了这个基础，对马克思主义任何形式的解读都会变得支离破碎或者漏洞百出。唯物辩证法是马克思主义的魂和脉，它是一条贯通马克思主义自然观、实践观和历史观的红线。

关于唯物辩证法创立的实质和意义，马克思曾说："在黑格尔看来，思维过程，即他称为观念而甚至把它转化为独立主体的思维过程，是现实事物的创造主，而现实事物只是思维过程的外部表现。我的看法则相反，观念的东西不外是移入人的头脑并在人的头脑中改造过的物质的东西而已。……辩证法在黑格尔手中神秘化了，但这决没有妨碍他第一个全面地有意识地叙述了辩证法的一般运动形式。在他那里，辩证法是倒立着的。为了发现神秘外壳中的合理内核，必须把它倒过来。"[1] 可见，在马克思看来，世界历史的发展固然表现为一个辩证运动过程，矛盾的对立统一、质量的互相变化和性质的否定之否定是事物存在和发展的一般规律，后两者统一于矛盾的对立统一规律之中，但是，这种历史认识方法不是没有前提，并且这个前提不是什么神秘的上帝，而是现实的人的物质活动。如果说辩证法体现了人的理性的超强的抽象的归纳概括能力，那么，马克思只是要求我们重视形成和巩固这种能力的前提，我们一刻也不能离开这种前提。

为什么呢？这是因为，如果离开了对历史的唯物主义理解，那么，各种形形色色的历史唯心主义就会泛滥。在这方面，马克思对蒲鲁东的批判就是最好的例子。在马克思看来，观念和历史具有一致性，我们应该在人类社会的辩证运动过程中去理解自由和平等观念的现实内涵。更进一步说，我们应该在历史中去理解分工、信用、货币等经济范畴产生的情况，而不是从这些抽象的范畴出发去剪裁人类的历史，在后一种意义上，历史就会变成"无人身的理性"的概念前进运动，

---

[1] 《马克思恩格斯选集》第 2 卷，人民出版社 1995 年版，第 112 页。

这将导致黑格尔主义的泛滥。然而，遗憾的是，在历史问题上，蒲鲁东经常犯黑格尔主义错误。在他看来，根据辩证法，任何事物都包含着矛盾，从一分为二的意义出发，任何矛盾都有“好”和“坏”两个方面，我们应当保存好的一面，消除坏的一面。乍看起来，蒲鲁东这种历史观似乎颇有道理，而马克思指出，“两个相互矛盾方面的共存、斗争以及融合成一个新范畴，就是辩证运动。谁要给自己提出消除坏的方面的问题，就是立即切断了辩证运动。”❶ 其实，蒲鲁东是在按照自己想象的次序拼接历史，它以机械的方式切割了连续发展的历史。

马克思专门以英国的“圈地运动”为例进行了批判性说明。他说，“英国工业的发展使英格兰地产获得了新的价值。而英国工业则为羊毛开辟了新的销售市场。要生产大量的羊毛，必然把耕地变成牧场。要实行这种改变就必须集中地产。要集中地产就必须消灭世袭租佃者的小农庄，使成千上万的租佃者离开家园，让放牧几百万只羊的少数牧羊人来代替他们。这样，由于耕地接连不断地变成牧场，结果苏格兰的地产使羊群赶走了人。”❷ 这就是“羊吃人运动”的历史唯物主义解释，对此，有的人认为这是历史的天命，有的人报以感伤的眼泪，但是，马克思认为，“羊吃人”的真正秘密在工业生产和商业贸易中，这才是历史的真实，这件事情内含着“羊”与“人”之间的辩证矛盾，或者是“人的世界”和“物的世界”的矛盾，这个矛盾的产生和消除需要时间来证明，而不是借用简单的“一分为二”的机械主义方法就能消除的，所谓的好与坏都具有暂时的相对的性质。因而，对于资本主义制度，我们固然要肯定其历史进步性，但是，这种制度的造富速度和致贫速度惊人的一致，当然，这种贫富状况在本国和他国有截然相反的表现，而这恰恰又是资本主义内在矛盾的有力说明。所以，根据马克思的历史思维，我们不能就贫困论贫困，而是要看到经济贫困里面有政治革命，并且，贫困的消灭是个自然历史过程，认识这个过

❶《马克思恩格斯选集》第 1 卷，人民出版社 1995 年版，第 144 页。

❷《马克思恩格斯选集》第 1 卷，人民出版社 1995 年版，第 150 页。

程需要坚持历史和逻辑的辩证统一，而不是用简单的好坏标准去衡量。

其次，从社会发展形态的角度理解历史过程。

马克思主义是一种成熟形态的历史科学，它不仅说明了社会历史发展的内在结构和发展动力，而且说明了其演进阶段和发展趋势。社会形态理论是马克思基于历史唯物主义基础对历史过程问题进行说明的科学理论结晶，它充分体现了马克思主义的历史过程性思维。

马克思主义关于人类历史的发展过程有四种概括，分别是："两形态论""三形态论""四形态论"和"五形态论"。所谓"两形态论"，指的是共产主义社会意味着真正的人类史的开启，而之前的历史是一种非人化的历史；所谓"三形态论"，是按照人的自由实现程度所划分的"物的依赖""人的依赖"和"自由个性"这三大阶段；所谓"四形态论"，是按照生产方式划分的"亚细亚""古代的""封建的"和"现代资产阶级"四种经济社会形态；所谓"五形态论"，是按照生产关系划分的"原始社会""奴隶社会""封建社会""资本主义社会"和"共产主义社会"五种社会形态。其实，这些不同类型的社会形态划分标准和结果代表了马克思主义对人类社会历史的不同维度解读，这种解读方式的背后体现的是马克思主义对社会有机体的结构化、系统化、科学化理解。通过这种理解，我们能充分感受到马克思主义对人类历史的过程化思维，它对我们大尺度、整体化地认识过去的历史大有裨益。

最后，要用过程主义眼光来对待历史。

人的生命是按照阶段展开的，每个生命阶段都有不同的遭遇和体验，经历得越多，我们的认知也就越深厚，性格也越沉稳，心态也更平静。时间是磨炼性格和内心的良药。对此，哲学大师黑格尔曾有段名言，他说："老年人较为宽容，少年终是处处不满足。老年人的宽容，并不是完全漠不关心，而是由于判断事理已经到了炉火纯青，就是对于次等事物也能知足，因为老年人阅世既深，才能觉察事物的实在价值。”[1] 其实，一个人的生命体验如此，整个人类历史又何尝不是如此？人类历史是由不同的发展阶段构成的，每个阶段都有独立而无可替代的意义。整个黑格尔的历史哲学其实就是在表达这种历史发展的过程意识，而绝对精神自身的辩证展开就是这种过程意识得以可能的一个最高准则。

在批判黑格尔抽象的哲学前提的基础上，马克思和恩格斯充分吸收了黑格尔的辩证法，并将这一方法用于对人类历史的分析之中。对此，恩格斯专门强调指出，“历史同认识一样，永远不会在人类的一种完美的理想状态中最终结束；相反，一切依次更替的历史状态都只是人类社会由低级到高级的无穷发展进程中的暂时阶段。每一阶段都是必然的，因此，对它发生的那个时代和那些条件来说，都有它存在的理由；但是对它自己内部逐渐发展起来的新的、更高的条件来说，它就变成过时的和没有存在的理由了；它不得不让位于更高的阶段，而这个更高的阶段也要走向衰落和灭亡。”[2] 这说明，在马克思主义这里，历史是一个不断进步发展的过程，而不是无原则的停止和循环，那种将历史按照善与恶、君子与小人、英雄与平民、帝王和平民的标准进行解读的道德史观和个人史观的做法其实都是违背马克思主义的，在这种情况下，我们只能得到历史循环论的观点，在这种情况下，历史没有发展，社会没有进步，或者说，发展和倒退似乎可以相互抵消。当然，更为深层的问题是，物质生活的生产方式包含着矛盾和对抗，它有其复杂、曲折和漫长的展开方式和过程。所以，马克思指出，“社会的物质生产力发展的一定阶段，便同它一直在其中运动的现存的生产关系或财产关系（这只是生产关系的法律用语）发生矛盾。于是这些关系便由生产力的发展形式变成生产力的桎梏。那时社会革命的时代就到来了。随着经济基础的变更，全部庞大的上层建筑也或慢或快

---

[1] 黑格尔著：《历史哲学》，王造时译，上海书店出版社 2006 年版，第 33 页。

[2] 《马克思恩格斯文集》第 4 卷，人民出版社 2009 年版，第 270 页。

地发生变革。”❶ 人类社会是个有机体，每个社会阶段都蕴含着生产、交换、分配和消费关系的展开过程，并且，这每一个环节内部也充满各种复杂关系。尽管历史有时候确实表现为倒退，但从整个人类历史来看，这种倒退毕竟具有暂时性和相对性，进步和发展始终是历史发展的总逻辑和总趋势。

3. 不要鼠目寸光，要看清历史趋势

马克思指出：“我们判断一个人不能以他对自己的看法为根据，同样，我们判断这样一个变革的时代也不能以它的意识为根据，相反，这个意识必须从物质生活的矛盾中，从社会生产力和生产关系之间的现存冲突中去解释。”❷ 在此，马克思实际上表达了自己对历史评价标准问题的看法。在他看来，人不能活在自我意识之中，科学的认识来自对时代的物质生活状况及其内在矛盾的把握，借用哲学术语来讲就是，我们的思维必须紧贴并反映存在，思维的本质是存在而非思维本身，它只不过以精神活动的方式反映存在，思维本身不能独立存在并产生作用。正是在这种意义上，恩格斯同时强调，他与马克思创立的“辩证哲学推翻了一切关于最终的绝对真理和与之相应的绝对的人类状态的观念。在它面前，不存在任何最终的东西、绝对的东西、神圣的东西；它指出所有一切事物的暂时性；在它面前，除了生成和灭亡的不断过程、无止境地由低级上升到高级的不断过程，什么都不存在。它本身就是这个过程在思维着的头脑中的反映。诚然，它也有保守的方面：它承认认识和社会的一定阶段对它那个时代和那种环境来说都有存在的理由。但也不过如此而已。这种观察方法的保守性是相对的，它的革命性质是绝对的——这就是辩证哲学所承认的唯一绝对的东西。”❸

在实质上，马克思主义的历史思维是一种辩证思维，它要求我们

❶ 《马克思恩格斯选集》第2卷，人民出版社1995年版，第32—33页。
❷ 《马克思恩格斯选集》第2卷，人民出版社1995年版，第33页。
❸ 《马克思恩格斯文集》第4卷，人民出版社2009年版，第270页。

不能孤立分散地看待历史，而是要用联系和发展的眼光把握历史趋势。所以，从石器时代开始，历经铁器时代、大机器时代，直到今天的互联网时代，一部劳动工具的演化史就是人类自我觉醒、自我修正、自我发展、自我实现的有力写照。当然，从一种有机联系的历史视角出发，我们同时要看到，在不同的生产发展时段，我们的交往方式（如物物交换、货币交换、信息交换）也在始终发展变化，在此过程中，我们要看到人类发展能力和发展程度的增高，而不是固守所谓的“丛林法则”得出“历史并未进步”的谬论。所以，“真正的、自然的、历史的和辩证的否定正是一切发展的推动力。”❶ 自然、社会和我们的思维世界包含和体现着质量互变、否定之否定的前进趋势，在矛盾的展开和发展过程中，新的矛盾产生，旧的矛盾消除，这是一个不容置疑的历史过程，但是，新的矛盾是更高形态的新生事物的代表，我们必须充分肯定和鼓励新事物，批判地继承旧事物的积极成分。这一点马克思本人的经历和变化就是最好的说明。

例如，1848 年，马克思在《共产党宣言》中提出了“两个必然”（“共产主义必然胜利，资本主义必然灭亡”）的论断，但是，欧洲工人运动纷纷遭到镇压以及资本主义依然扩展世界市场的现实让马克思看到了资本主义生产方式的顽强性及其社会制度的顽固性，这迫使他必须对“两个必然”进行反思。于是，时隔 11 年，马克思提出了著名的“两个决不会”的论点，即“无论哪一个社会形态，在它所能容纳的全部生产力发挥出来以前，是决不会灭亡的；而新的更高的生产关系，在它的物质存在条件在旧社会的胎胞里成熟以前，是决不会出现的。”❷ 这意味着，人类社会的历史必然是一部曲折发展的漫长历史，新陈代谢是自然、社会和思维运动的普遍规律，新旧事物之间的矛盾性决定了新事物战胜旧事物的曲折性。当然，随着存在条件的变化，新事物又必然会被更新的事物所代替，较之于更高级的事物，曾经的

---

❶ 《马克思恩格斯全集》第 20 卷，人民出版社 1971 年版，第 673 页。

❷ 《马克思恩格斯选集》第 2 卷，人民出版社 1995 年版，第 33 页。

新事物又会变成旧事物，正是在这种意义上，历史才有发展和进步，人类才有自信和乐观。

再如，对于所谓的文明冲突论，我们也要用马克思主义历史思维去分析。在马克思主义看来，每一代人都会遇到并继承前一代人遗留下来的生产力总和，当然，由于天灾人祸，许多文明成果会在一夜之间归于尘土，但是，由于交往的原因，一种灭绝的文明形态在异国他乡被保留和繁衍也是不争的事实，因而，文明的交流和融合是常态，如果要获得对历史的总体理解，就需要我们将不同地域、不同行业、不同时代的文明成果进行纵向联系和横向比对。在此意义上，所谓的文明的冲突和历史倒退并不具有最终的结论性意义，文明的冲突实际上是生产方式的冲突，或者说是代表不同生产方式的文明之间的冲突，所以，文明有先进和落后之分，较之于传统的农业文明，现代的工业文明就是一种先进文明，工业文明取代农业文明是必然的历史过程。我们不能抛开生产方式去抽象地谈论文明本身，这是马克思主义文明观的基本要求。

还如，在运用总体视野来对待历史进程和个人评价的问题上，很多马克思主义理论家具有一致性。恩格斯曾说："最后的胜利依然是确定无疑的，但是迂回曲折的道路，暂时的和局部的迷误——虽然这也是难免的——，现在将会比以前多得多了。不过我们一定要克服这些障碍，否则，我们活着干什么呢？"[1] "没有哪一次巨大的历史灾难不是以历史的进步为补偿的。"[2] 列宁曾说："设想世界历史会一帆风顺、按部就班地向前发展，不会有时出现大幅度的跃退，那是不辩证的，不科学的，在理论上是不正确的。"[3] 毛泽东曾说："共产党和民主党派都是历史上发生的。凡是历史上发生的东西，都要在历史上消灭。因此，共产党总有一天要消灭，民主党派也总有一天要消灭。消灭就

[1] 《马克思恩格斯全集》第35卷，人民出版社1971年版，第460页。
[2] 《马克思恩格斯文集》第10卷，人民出版社2009年版，第665页。
[3] 《列宁选集》第2卷，人民出版社1995年版，第694页。

是那么不舒服？我看很舒服。共产党，无产阶级专政，那一天不要了，我看实在好。我们的任务就是要促使它们消灭得早一点。”❶ 但是，未来不等于现在，所以，他话锋一转说：“无产阶级政党和无产阶级专政，现在非有不可，而且非继续加强不可。否则，不能镇压反革命，不能抵抗帝国主义，不能建设社会主义，建设起来也不能巩固。”❷ 1956 年，针对第一个五年计划，毛泽东说：“我们对问题要作全面的分析，才能解决得妥当。进还是退，上马还是下马，都要按照辩证法。……我们的计划经济，又平衡又不平衡。平衡是暂时的，有条件的。暂时建立了平衡，随后就要发生变动。上半年平衡，下半年就不平衡了，今年平衡，到明年又不平衡了。净是平衡，不打破平衡，那是不行的。我们马克思主义者认为，不平衡，矛盾，斗争，发展，是绝对的，而平衡，静止，是相对的。所谓相对，就是暂时的，有条件的。……我们应当告诉干部，告诉广大群众：有进有退，主要的还是进，但不是直线前进，而是波浪式地前进。虽然有下马，总是上马的时候多。我们的各级党委，各部，各级政府，是促进呢？还是促退呢？根本还是促进的。在社会总是前进的，前进是个总的趋势，发展是个总的趋势。”❸ 第一个五年计划根本上是正确的，但是也有错误，主要是缺乏经验，但是，有了经验也会犯错误。“经验是永远学不足的。一万年以后，搞计划就一点错误不犯？一万年以后的事情我们管不着，但是可以肯定，那个时候还是会犯错误的。青年要犯错误，老年就不犯错误呀？孔夫子说，他七十岁干什么都合乎规律了，我就不相信，那是吹牛皮。”❹

总之，历史思维是人类思维的一般形式，丰富的历史资源为人类多样的历史思考提供了基础，但是，真正的历史思维必须是唯物主义思维，要求得历史之真，把握历史规律，看清历史趋势，猜准历史节

❶《毛泽东选集》第 5 卷，人民出版社 1977 年版，第 279 页。
❷《毛泽东选集》第 5 卷，人民出版社 1977 年版，第 279—280 页。
❸《毛泽东选集》第 5 卷，人民出版社 1977 年版，第 313—314 页。
❹《毛泽东选集》第 5 卷，人民出版社 1977 年版，第 314 页。

点，我们必须坚持马克思的历史唯物主义理论。马克思主义历史观的科学性已经被历史多次证明，它是历史本体论和历史认识论的有机统一，社会基本矛盾理论反映了人类社会发展的基本规律，它意味着唯一真正的历史科学的创建，这一理论是我们理解并推动历史发展的理论指南。

第二章　当前强调历史思维的必要性

中国共产党是一个责任型和使命型政党，这个责任就是为中国人民谋幸福，这个使命就是为中华民族谋复兴。当下的中国正处于“两个100年”奋斗目标的历史交汇期，当然，两个百年目标的实质都是实现社会主义现代化，现代化包含着中国人对幸福生活的基本渴望，因此，实现中华民族的伟大复兴是一个历史命题。更为重要的是，党的十九大不仅提出了新时代中国特色社会主义事业发展的总任务，而且明确了在全面建成小康社会的基础上分两步走，在本世纪中叶建成社会主义现代化强国的战略安排，这是中国发展的新定位和新指南，我们必须借助历史思维深入理解新时代的历史必然性，以更好地坚持和发展中国特色社会主义。

我们认为，围绕中国社会主要矛盾的变化和中国仍处于并将长期处于社会主义初级阶段的基本国情，在新时代，强调历史思维的必要性主要体现在如下方面。

一、有利于增强执政的坚定性

在中国的革命战争时期，毛泽东曾说：“今天的中国是历史的中国的一个发展；我们是马克思主义的历史主义者，我们不应当隔断历史。”[1] 在和平建设、开放发展和深化改革的今天，毛泽东的这种历史思维依然具有鲜明的时代意义。为什么这么说呢？这是因为，“今天的中国”依然是“历史的中国”的发展结果。在中华民族几千年的发展

---

[1] 《毛泽东选集》第2卷，人民出版社1966年版，第499页。

过程中，无论统一或分裂，强盛或贫弱，封闭或开放，“中国”始终只有一个，这个唯一的“中国”深藏在千千万万中华儿女的心灵深处，每当外敌入侵、天灾降临、祸乱当道时，这个概念总是能在最大限度内实现民族的共识和国家的团结。简言之，“中国”也是一个历史概念，每个中国人都应该在“历史的中国”中找到自己，实现自己。

1. 世界政治格局的严峻考验

1848年，马克思在《共产党宣言》中指出，“资产阶级，由于开拓了世界市场，使一切国家的生产和消费都成为世界性的了。……资产阶级，由于交通的极其便利，把一切民族甚至最野蛮的民族都卷到文明中来了。它的商品的低廉价格，是它用来摧毁一切万里长城、征服野蛮人最顽强的仇外心理的重炮。它迫使一切民族——如果它们不想灭亡的话——采用资产阶级的生产方式；它迫使它们在自己那里推行所谓的文明，即变成资产者。一句话，它按照自己的面貌为自己创造出一个世界。资产阶级使农村屈服于城市的统治。它创立了巨大的大城市，使城市人口比农村人口大大增加起来，因而使很大一部分居民脱离了农村生活的愚昧状态。正像它使农村从属于城市一样，它使未开化和半开化的国家从属于文明国家，使农民的民族从属于资产阶级的民族，使东方从属于西方。”[1] 我们之所以大段引述马克思的这段话，目的只有一个，那就是，我们必须基于世界历史的逻辑来定位中国和中国共产党。

根据马克思的理解，现代资本主义生产方式是人类社会历史进步发展的必然结果，这种生产方式极大地解放和发展了生产力，即“资产阶级在它的不到一百年的阶级统治中所创造的生产力，比过去一切世代创造的全部生产力还要多，还要大。”[2] 当然，生产能力的增强同时要求充足的原料供应和广阔的市场销售，生产决定消费，消费也决定生产，资本主义生产方式之所以赢得巨大的历史合理性，根本在于

---

[1] 《马克思恩格斯选集》第1卷，人民出版社1995年版，第276—277页。

[2] 《马克思恩格斯选集》第1卷，人民出版社1995年版，第277页。

它实现了庞大的生产和同样庞大的消费的有机统一，而实现这种统一的根本秘密在于形成世界市场。在资本主义早期，尽管采取了机器生产，但是，其规模毕竟有限，后来，随着生产规模的扩大，资本运动逐渐走出欧洲向全球扩展，在此情况下，很多不发达国家相继变成了跨国公司的原料产地和制造工厂，在全球的产业分布中，穷国、弱国、小国只能拼廉价的人力和土地资源，以此赢得较快的经济增长和社会发展。这也是中国经济崛起的基本写照，更是时至今日的世界历史发展的一般面貌。正如马克思所指出的，随着资本运动的加快，农村必然从属于城市、未开化和半开化的国家必然从属于文明的国家，农民的民族必然从属于资产阶级的民族、东方必然从属于西方，这是一种世界历史运动的本质格局，并且，这种格局依然有扩大和加剧之势。

但是，资本逻辑有其两面性。产量增加、供给增加、消费便捷是其文明面，而制假贩假、买空卖空、盘剥敲诈、转嫁危机甚至发动战争则是其阴暗面。对于资本的本质，马克思揭露的最为深刻。在马克思的晚年时期，对于英国的殖民贸易对中国社会的影响，他曾专门写过多篇评论。关于鸦片战争对中国社会的冲击和影响，马克思曾深刻揭露到："英国的大炮破坏了皇帝的权威，迫使天朝帝国与地上的世界接触。与外国完全隔绝曾是保存旧中国的首要条件，而当这种隔绝状态通过英国而为暴力所打破的时候，接踵而来的必然是解体的过程，正如小心保存在密闭棺材里的木乃伊一接触新鲜空气便必然要解体一样。"❶ 马克思不是就中国的战争谈战争，在他看来，英国本土的工业危机和这种危机转移到中国有深刻的联系，基于这一点，广州人民的抗英斗争、清朝官员的腐败和中国的华工被输送到欧洲都是这种联系的必然充分体现。马克思提醒我们："不要忘记，茶叶这样一种必需品涨价和中国这样一个重要市场缩小的时候，正好是西欧发生歉收因而肉类、谷物及其他一切农产品涨价的时候。"❷ 与此同时，马克思愤怒

❶ 《马克思恩格斯选集》第 1 卷，人民出版社 1995 年版，第 692 页。

❷ 《马克思恩格斯选集》第 1 卷，人民出版社 1995 年版，第 694—695 页。

地揭示道："英国报纸对于旅居中国的外国在英国庇护下每天所干的破坏条约的可恶行为真是讳莫如深！非法的鸦片贸易年年靠摧残人命和败坏道德来填满英国国库的事情，我们一点也听不到。外国人经常贿赂下级官吏而使中国政府失去在商品进出口方面的合法收入的事情，我们一点也听不到。"[1] 所以，对于中国人民英勇的抗英斗争，马克思评价道："我们不要像道貌岸然的英国报刊那样从道德方面指责中国人的可怕暴行，最好承认这是保卫社稷和家园的战争，这是保存中华民族的人民战争。虽然你可以说，这场战争充满这个民族的目空一切的偏见、愚蠢的行动、饱学的愚昧和迂腐的野蛮，它终究是人民战争。而对于起来反抗作战规则的民族在人民战争中所采取的手段，不应当根据公认的作战规则或者任何别的抽象标准来衡量，而应当根据这个反抗者民族所刚刚达到的文明程度来衡量。"[2] 在此，马克思对鸦片战争的性质分析得很到位，这是因为，他看到了中英战争背后其实是两种文明形态及其与之相应的道德标准的遭遇和对抗，所以，在强大的资本逻辑面前，他既表示了对旧中国必然解体的理论判断（事实也正好如此），又表示了对资本主义文明本身的残暴和伪善本质的严厉批判。

在上述分析中，我们需要更加注意的是，马克思特别强调，鸦片战争对于中国人而言是一场人民战争，因为英国的商品和大炮针对的是整个古老、落后、封闭和愚昧的旧中国，这是世界历史的必然，在其面前，肉体的牺牲、口岸的瓜分、国土的沦丧、主权的丧失是必然的命运。我们的祖先已经遭受了这种命运。

中国共产党是解救民族灾难的直接产物。在1921年之前，我们的民族为了摆脱被奴役和压迫的命运曾进行了无数次抗争，但是，仅仅在上层建筑范围之内打转的民主共和道路必然无果而终，没有一个阶级愿意将广大人民群众的命运与自己的命运联系在一起，在这种世界

---

[1] 《马克思恩格斯选集》第1卷，人民出版社1995年版，第704—705页。

[2] 《马克思恩格斯选集》第1卷，人民出版社1995年版，第710页。

历史的格局及其对于中华民族造成的长时段悲剧面前，只有中国共产党义无反顾，敢于担当，因而，我们应该从民族复兴的高度去定位和评价那些历史中的无名英雄，而且，时至今日，中国共产党依然明确声明：除了人民利益，共产党员没有自己的特殊利益！人民的福祉、国家的强盛和民族的复兴依然是我们为之奋斗的崇高目标，这就是对历史的最好继承和发展。

2. 实现民族复兴的使命担当

1945 年底，周恩来在美国驻华特使赫尔利的陪同下赴重庆谈判。在一次记者招待会上，一名外国记者对周恩来问道："你更多的是中国人，还是共产党人?"周恩来回答说："我首先是中国人，其次才是共产党人。"[1] 我们认为，这句话是理解"中国共产党与中国问题"的一个有趣的切入点。马克思说："一个时代的迫切问题，有着和任何在内容上有根据的因而也是合理的问题共同的命运：主要的困难不是答案，而是问题。"[2] 从很大程度上说，中国共产党因为"中国问题"而诞生，因为"中国问题"而存在，保障和实现中国千千万万人民群众的根本利益是中国共产党治国理政的重要基础，面向"中国问题"进行实践和理论创新是中国共产党始终不变的原则主张。

每个中国人都知道中华民族在 1840—1949 这一百余年间的不幸遭遇。在一百年间，中华民族作为一个整体遭受了强大的外敌和羸弱的内政的双重挤压，无数的城乡民众既无尊严可言，也无温饱可论。当然，有人或许会说，造成这种现实的主要原因是我们没有统一稳定的政治局面，但是，我们更想指出，在新中国成立之前，盘踞各地的军阀头目、占据城市的国民党军、占据农村的地主豪绅、侵入中国的日本军队，所有这些政治或军事势力都曾自以为可以治理中国和发展中国，然而，历史告诉我们，所有这些都只能是假设，甚至更多是自欺欺人的伪善之辞，历史最终选择了中国共产党及其坚持的社会主义道

---

[1] 转引自安子等编译：《回头看中国》，九州出版社 2014 年版，第 226 页。

[2] 《马克思恩格斯选集》第 1 卷，人民出版社 1995 年版，第 203 页。

路，这是为什么呢？我们认为，这个党、这个道路能够而且已经实现了人民利益的最大化，人民的利益是国家和民族利益的另一种说法，在这个问题上，只有中国共产党所坚持的马克思主义能够解释这个问题，只有中国共产党所代表的阶级担当能够解决这个问题。如果偏离了这个问题，那么，任何一种对中国共产党的解读和比较，尽管可能，但是缺乏深度和可信度。

毫无疑问，中华民族的历史比中国共产党的历史更为悠久，如果可以将我们的民族比喻为一个生命有机体，那么，在1840—1949年这一百多年的时间里，真正为这个民族的危亡进行使命担当的是中国共产党，而且它兑现了这种担当，这是任何一个有历史良知的人完全不能否认的事情，这件事情已经载入了民族史和世界史，任何一种对其的歪曲、篡改和无视只能是无知和可笑的。如果否定了这个背景，那么，任何一种对中国共产党执政合法性的怀疑和指责都将变得非常容易，当然，此种逻辑所导致的历史虚无主义观点的严重危害性后果我们尤其需要高度警惕。因此，作为一名中国人，我们始终要站在自己民族的高度来审视过去的历史，外国人可以曲解我们的历史，但是，中国人不能自己否定自己的历史，尤其不能否定中国共产党在担当民族大义时的果敢与坚决，这种做法除了佐证幼稚和愚蠢之外不能说明任何东西。

当然，中国共产党当前存在的问题和中国共产党过去的历史之间不构成必然的联系，中国共产党为承担民族和国家大义而生，这是历史赋予的合法性身份，我们必须基于这个合法性身份来讨论党的建设的若干问题，而不是把党现在存在的若干问题附会或移植到过去，进而对过去的历史指指点点。历史和现实之间有相似性，我们不反对将过去和现在进行比较，但是，问题是不同时代的问题，任何一种对问题的关联和比附既要对历史负责，也要对现实负责，这才是一种客观公正的历史认识方式。

3. 敢于牺牲的崇高价值风范

既然是人，终究要面临爱欲、荣誉、忠诚、信仰和生死的考验，人都是肉体所成，人都怕死，人都向往幸福。如果父母将我们生育在战争年代，那么，我们就必须对生死问题表明态度，换言之，为谁而生，为谁而死是战争环境下对人性的终极考验。借助这个问题，我们看到，在选择了共产主义，实现国家独立和民族解放的28年艰苦卓绝的斗争中，中国共产党以莫大的牺牲赢得了人民的信任和拥护，在这部可歌可泣的壮烈历史剧中，党和人民是血浓于水的感情信任，是生死与共的命运同盟。所以，在经历了较长时间的和平时期之后，我们非常有必要从党团结人民进行生死抗争的历史过程中找到基本的价值认同，以弥合历史和现实之间不应有的裂痕。

在大革命失败之前，中国共产党早期的领导人曾经对国民党抱有幻想，也曾经希望在城市发动革命以实现中国问题的有效解决，但是，1927年4月12日，蒋介石在上海发动了反革命政变，并在随后的几个月里在全国各地展开了针对革命党和革命群众的大屠杀。1927年8月1日，中国共产党武装两万余人在南昌举行起义，打响了武装反抗国民党的第一枪。同年，在汉口召开的“八七会议”上，瞿秋白代表中央临时常委会作报告，会议坚决纠正了以陈独秀为代表的右倾投降主义，确定了实行土地革命和武装反抗国民党反动派的总方针，在会上，毛泽东批评了党在国共合作中没有积极实现无产阶级领导的错误，并提出了“枪杆子里面出政权”的著名口号。

我们之所以从1927年开始重温党史，目的只有一个，那就是要明确，中国共产党是带着血的教训展开革命斗争的。如果说从苏联传入的马克思列宁主义更多讲的是“为民请命”的革命道理，那么，中国社会严峻的战争考验是促成中国共产党人敢于流血牺牲的现实土壤。所以，在军事割据、军阀混战、白色恐怖的缝隙中，毛泽东看到了红色政权存在和发展的乐观主义空间。自此以后，中国的革命斗争与反革命斗争几乎成为常态，而中国共产党人的流血牺牲也是常态。而在生死问题上，毛泽东表现了非常豁达开朗的一面。

毛泽东曾借用形式逻辑的“三段论”对自己的保健医生吴旭君说，人都是要死的，毛泽东是人，所以毛泽东也是要死的。此外，对于自己死后的安葬，他说，新陈代谢、生老病死是自然规律，等我死后，大家可以开个追悼会，吴旭君可以大大方方、漂漂亮亮地上台讲话，当吴旭君问他讲什么时，毛泽东回答："你就讲：同志们，今天我们这个大会是个胜利的大会。毛泽东死了。我们大家来庆祝辩证法的胜利。他死得好。如果不死人，从孔夫子到现在地球就装不下了。新陈代谢嘛。沉舟侧畔千帆过，病树前头万木春。这是事物发展的规律。"❶ 停了一会儿，他又说："我在世时吃鱼比较多，我死后就把我火化，骨灰撒到长江里喂鱼。你就对鱼说：鱼儿呀，毛泽东给你们赔不是来了。他生前吃了你们，现在你们吃他吧，吃肥了你们好去为人民服务。这就叫物质不灭定律。"❷ 可见，毛泽东是一个非常乐观的人，而且非常难能可贵的是，他的这种乐观是一种随时都会面临生死考验下的乐观，所以，反过来说，如果一个人都看透了生死，还有什么可以畏惧的？用这种情怀去进行革命，何愁革命不成？

应该说，作为中国革命的主要领导人，毛泽东的革命乐观主义精神鼓舞和感染了无数的仁人志士。基于这种价值情操，我们看到，夏明翰说："共产党人爱国家，爱民族，爱劳苦大众，当然也爱自己的亲人，爱妻子儿女。但是，为拯救百姓于水火，为振兴民族之强盛，为后代生活之美满，我们随时准备牺牲自己的生命，这就是共产党人的大仁大义。"❸ 邓中夏说："中国人很重视死，有重于泰山，有轻于鸿毛。为了个人升官发财而活，那么苟且偷生的活，也可以叫作虽生犹死，真比鸿毛还轻。一个人能为了最大数中国民众利益，为了勤劳大众的利益而死，这是虽死犹生，比泰山还重。"❹ 所以，生死不是问题，怎样生和死才是问题。马克思曾经在《青年在选择职业时的考虑》中说，"人只有为同时代人的完美、为他们的幸福而工作，自己才能达到完美。

---

❶ 转引自李敏等主编：《真实的毛泽东：毛泽东身边工作人员的回忆》，中央文献出版社 2003 年版，第 331 页。

❷ 同上注。

❸ 转引自李好宇编：《英雄的故事》，哈尔滨出版社 2007 年版，第 107 页。

❹ 转引自陈同生著：《不倒的红旗》，中国青年出版社 1959 年版，第 337 页。

如果一个人只为自己劳动，他也许能够成为著名的学者、伟大的哲人、卓越的诗人，然而他永远不能成为完美的、真正伟大的人物。……如果我们选择了最能为人类而工作的职业，那么，重担就不能把我压倒，因为这是为大家作出的牺牲；那时我们所享受的就不是可怜的、有限的、自私的乐趣，我们的幸福将属于千百万人，我们的事业将悄然无声地存在下去，但是它会永远发挥作用，而面对我们的骨灰，高尚的人们将洒下热泪。”❶ 这就是共产党人的境界！一个人为自己活着无可厚非，也很容易成功，但是，战争年代，我们需要生死与共，和平年代我们需要和谐共生，从朴素的道理上讲，“小我”需要依存“大我”而生，没有“大我”，何来“小我”？所以，当革命的年轻人变成耄耋老人甚至作古之后，作为其生理基因的后代，我们也有接续历史基因的使命。这是认识中国共产党执政合法性的重要路径。

二、有利于理解发展的连续性

直面质疑、正视批评是中国共产党人的优良传统，批评与自我批评相结合是实现思想统一的一贯做法。针对社会上有人将“改革开放前的30年”和“改革开放后的30年”视作两段并相互否定的观点，习近平专门指出，“我们党领导人民进行社会主义建设，有改革开放前和改革开放后两个历史时期，这是两个相互联系又有重大区别的时期，但本质上都是我们党领导人民进行社会主义建设的实践探索。中国特色社会主义是在改革开放历史新时期开创的，但也是在新中国已经建立起社会主义基本制度、并进行了20多年建设的基础上开创的。虽然这两个历史时期在进行社会主义建设的思想指导、方针政策、实际工作上有很大差别，但两者决不是彼此割裂的，更不是根本对立的。不能用改革开放后的历史时期否定改革开放前的历史时期，也不能用改革开放前的历史时期否定改革开放后的历史时期。要坚持实事求是的思想路线，分清主流和支流，坚持真理，修正错误，发扬经验，吸取

---

❶ 《马克思恩格斯全集》第1卷，人民出版社1995年版，第459页。

教训，在这个基础上把党和人民事业继续推向前进。”❶ 习近平总书记的这次讲话体现了鲜明的历史思维，尤其是阐发了坚持历史连续性思维对于认识和推进改革的重要意义。

2015 年 8 月 23 日，第 22 届国际历史科学大会在中国济南召开。本次大会的主题是“全球视野下的中国”，来自世界 90 个国家和地区的 2600 余代表参加了会议。习近平同志专门致信指出，历史是人类最好的老师。历史研究是一切社会科学的基础，承担着“究天人之际，通古今之变”的使命。世界的今天是从世界的昨天发展而来的。今天世界遇到的很多事情可以在历史上找到影子，历史上发生的很多事情也可以作为今天的镜鉴。每个国家、每个民族都有自己的发展历程，应该尊重彼此的选择，加深彼此的了解，以利于共同创造人类更加美好的未来。中国人自古重视历史研究，历来强调以史为鉴。中国有着五千多年连续发展的文明史，观察历史的中国是观察当代的中国的一个重要角度。不了解中国历史和文化，尤其是不了解近代以来的中国历史和文化，就很难全面把握当代中国的社会状况，很难全面把握当代中国人民的抱负和梦想，很难全面把握中国人民选择的发展道路。中国人民正在为实现中华民族伟大复兴的中国梦而奋斗，需要从历史中汲取智慧，需要博采各国文明之长。

这是以习近平同志为代表的中国共产党执政集体的历史思维的又一次明确表达，它意味着全面深化改革需要运用历史思维进行理论辩护，它对于广大干部群众纠正历史模糊认识，端正改革姿态具有积极的现实意义，具体体现如下。

1. 它是尊重历史的基本要求

正如一个人一样，一个没有历史的民族是不可想象的。我们所有关于生命和世界的理解都包含在过去的故事和记忆中，所以，无论过去是对是错，是好是坏，我们都不能忘记、掩盖甚至抹杀自己的过去。

---

❶ 习近平：“2013 年 1 月 5 日在新进中央委员会的委员、候补委员学习贯彻党的十八大精神研讨班上的讲话”，《人民日报》2013 年 1 月 6 日。

根据马克思主义辩证法，世界上没有天生完美的事物，完美的事物、完美的人、完美的政党只有在抽象的头脑中才存在，所以，不完美是这个世界基本的现实。对于中国共产党而言，它脱胎于中国的大地和人民，为了实现人民的利益，以毛泽东同志为主要代表的中国共产党的第一代领导人在人民群众心中拥有无限崇高的政治威望，而在中国的革命斗争中，中国共产党形成了一套较为完善和高效的政治机制，并最终取得了革命的成功。

但是，在社会主义建设的问题上，我们本身就经验不足，而且也没得借鉴。邓小平同志曾说，毛泽东思想最根本的特点是将马克思主义普遍原理与中国的革命实际进行了结合。在我们看来，在革命战争年代，马克思主义中国化的理论观点主要是阶级斗争理论，而且毛泽东时代的国际国内环境也只能要求我们必须运用这一理论进行革命斗争。但是，在1949年之后，我们应该运用马克思主义的什么理论来指导中国的建设呢？这似乎是一个让中国的政治家群体颇为困惑的问题。我们应该承认，毛泽东同志曾经也是非常重视经济建设的，对于“落后就要挨打”的历史教训体会最深，所以，在新中国成立之后，带领人民实现生活富裕，实现国民经济的恢复和发展也是历史的必然。但是，历史不能假设，在新中国成立之后，新中国发展经济、谋求社会建设的国内外环境并不宽松，我们依然需要冲破重重阻力和封锁去大干苦干。邓小平同志后来也讲，作为革命家出身的毛泽东犯了头脑发热的错误，但当时头脑发热的不仅仅是毛泽东一个人，而是一群人甚至一代人。在这种情况下，我们力求在很短的时间里实现梦寐以求的社会主义制度，所以，人民公社制度其实更多地具有理想主义色彩，或者说，这种颇具绝对平均主义色彩的生产关系更像一场社会试验，它至少在短时间里“解决了”在中国存在几千年的阶级剥削和贫富分化问题，从反面的意义上讲，这种大规模的失败的社会试验恰恰验证了马克思所讲的物质财富对于实现共产主义的决定性作用。

因而，没有一步到位的制度，没有一劳永逸的改革。正如马克思所说，人类始终只能提出自己所能解决的任务。特定的生产力水平只能决定特定的生产关系和思想意识形式，反过来说，对于历史错误，我们也要进行历史唯物主义的分析，盲目地隔断历史、抹黑历史只能增加重犯历史错误的可能性，这才是实事求是的历史主义态度。

2. 它是着眼当下的现实要求

改革源于问题，问题是推动和深化改革的前提，我们党是在认识问题、分析问题和解决问题中增强执政能力的，这是一个历史的过程，急不得也慢不得。当然，我们更倾向于认为，这一问题是衡量中国共产党是否清醒和成熟的表现。所以，对于“前后两个 30 年”的改革，我们要从问题入手，而不是从某个政治家的执政侧重、行事风格、思想意识入手，这是确保不跑偏、不走样的关键前提。

在 1949—1978 年的 30 年中，中国社会的主要问题是经济建设，因为一穷二白是中国最大的现实，要改变这一现实，计划经济、中央集权、重工优先是必然的选择，这也是我们从前苏联所能借鉴的基本经验。当然，后来的政治斗争对经济建设的过度冲击也是客观现实，直到 1978 年之前，世界范围内的战争隐患依然存在，这决定了我们必须一手抓经济建设，一手抓政治斗争。所以，站在今人的立场，我们必须充分注意到毛泽东时代中国共产党所面临的现实问题，决不能脱离当时的历史情境妄议历史。

当历史的车轮走到 2018 年时，今天的中国共产党已经在国际国内赢得了巨大的历史声誉。尤其是自 1978 年以来，社会主义市场经济在中国赢得了新的历史优势，中国经济的总体规模、中国社会的发展水平、中国人民的思想认识已经与 40 年前不可同日而语。所以，对于今日的中国而言，绝对贫困已基本得到消除，当前最根本的问题是经济结构不合理、民主法治不到位、社会收入分配不公和理想信念大幅滑坡的问题。很显然，所有这些问题都是“深水区”的问题，最为关键的是，作为中国特色社会主义事业的领导力量，中国共产党已经意识到了这个问题，十八大报告中对“四种危险”的判断便是这种思想意识的自觉表达。

党的十九大报告指出，尽管我们在内政外交方面取得了长足发展，但是，在新的形势下，党面临的执政考验、改革开放考验、市场经济考验、外部环境考验依然是长期的、复杂的、严峻的，精神懈怠危险、能力不足危险、脱离群众危险、消极腐败危险已经更加尖锐地摆在全党面前。不断提高党的领导水平和执政水平、提高拒腐防变和抵御风险的能力，是党巩固执政地位、实现执政使命必须解决好的重大课题。

问题和风险不是凭空而降的，能力和水平也不是凭空形成的。中国共产党的威望只能来自坚定的人民立场、出色的治理能力和长远的发展眼光。因而，历史必须被联系起来看待，只有这样，我们才能既看到进步，又看到不足。“前30年”和“后30年”尽管是两个不同的物理时间，但是，独立自主、艰苦奋斗、发展中国是贯通两个时代的主题，在这两个时期，中国共产党通过提升自己进而引领社会改革的姿态从未改变，唯一不同的只是两个不同历史时期的成绩单有大小之分。在评价这两段历史时，我们决不能犯那种“以后人之长比前人之短”的错误。

3. 它是开辟未来的思想方法

毛泽东曾说：“我们的同志应当注意，不要靠官，不要靠职位高，不要靠老资格吃饭。说资格老，多少年革命，这个资格也是可靠的，但同时我们不要靠它。你资格老，几十年，那是真的。可是，你有一天办了一些糊涂事，讲了一篇混账话，人民还是不谅解你的。尽管你过去做过多少好事，职位有多么高，你今天的事情办得不好，解决得不对，对人民有损害，这一点人民就不能原谅。因此，我们的同志不要靠老资格吃饭，要靠解决问题吃饭。”[1] 中国共产党的地位是历史形成的，但是，历史只能证明你曾经先进，不能证明你永远先进，要赢得人民的继续拥护，我们依然需要励精图治，开拓进取，将中国特色社会主义事业推向前进。

---

[1] 《毛泽东选集》第5卷，人民出版社1977年版，第422页。

中国的改革从启动到深化十分不易，为了发展经济，我们付出了沉重的资源和环境成本。创新能力不足、核心技术缺乏、竞争优势不够、增长空间狭窄、人才支撑不够是当前中国经济发展的软肋。当然，有问题并不可怕，而且，这是中国的问题，不是西方的问题，中国的问题必须靠中国人自己去分析和解决。作为一个在中国取得领导地位并且展示出了巨大政治优势的执政党，中国共产党比任何政党都清楚中国的国情，中国共产党也最有能力带领人民一起解决全面发展和深化改革中的深层次问题，但是，我们更要清楚，态度不能代替能力，真正的能力来自实践，纸上谈兵终究不行，要想继续赢得人民的拥护和支持，就必须打破固化的利益格局、提升社会治理的能力、深化供给侧结构性改革、提升服务和改善民生的能力。所以，尊重历史、着眼现实的最终目的是为了赢得未来，而不是骄傲自满或者光说不练。我们必须按照实现国家治理体系和治理能力现代化的目标要求全面深化改革，这件事情等不得，也等不起，只能靠我们自己。

历史思维既讲阶段性，也讲连续性，要形成科学的历史思维，必须坚持“通史”和“断代史”相统一的研读方法。

改革开放前的 30 年，中国不仅实现了主权独立和民族解放，而且确定了进行社会主义建设的发展规划和工作重心，尽管后来发生了“文化大革命”的全局性错误，但是，这是历史发展的波浪式前进和螺旋式上升的必然结果。对于在中国怎样搞社会主义，理论不足、经验不足、能力不足、条件不足是客观的历史现实，在此基础上，摔跟头、走弯路在所难免，因此，尽管“文化大革命”使中国的经济和社会发展水平倒退了若干年，但是，我们更要看到，在 1978 年之前，我们已经初步建立起了与中国国情基本适应的教育体系、卫生体系、工业体系及相应的社会基础设施。更值得一提的是，这些成绩是在千疮百孔的战争废墟上依靠自力更生和艰苦奋斗取得的，没有这个基础性成果，我们可能还要在社会主义建设的道路上摸索更长的时间，甚至走更多的弯路。

1978 年，党的十一届三中全会召开，这次会议被视为中国改革开放的显著标志。其实，从这个时候开始的近40年里，我们始终在集中精力做一件事情，那就是一心一意搞建设，专心专意抓经济，换言之，整个中国的政治工作、经济工作、文化工作、社会工作都在围绕经济建设进行。在邓小平看来，没有比脱贫更大的政治，我们要向市场要效益，向改革要效益，向时间要效益。他深切地知道，让整个国家长期处于贫困状态是对人民和历史的不负责，所以，在推进改革的过程中，邓小平的决心和态度始终很坚定，更重要的是，通过30多年的改革开放，在实现人民生活富裕和国家富强的同时，我们走出了一条中国特色社会主义道路。

所以，从1949年新中国成立至今的60多年里，我们所犯的错误不少，走过的弯路不少，付出的代价也不少，但是，较之于整个现代化的宏伟事业来讲，这些毕竟是短暂的，是支流而不是主流。更为关键的是，我们党不仅没有否认过自己的错误，而且总是善于从错误中吸取教训，并以此教育全党继续走“实事求是、解放思想、与时俱进相统一”的思想路线。即使像有些人所说的改革开放后的30年我们成绩更大，那也是在吸取了反面教训，纠正了历史错误的基础上取得的，所以，比较两段历史，我们既要进行正面比较，也要进行反面联系，不能只看到前一面忽视后一面，或者只抓住后一面而否定前一面，只有坚持了历史思维的“两点论”，我们才能走得更稳、走得更远。

三、有利于理解改革的目的性

当前，全面深化改革已经成为基本的社会共识。现实已经多次证明，发展中的问题必须用发展的态度去应对，改革中的问题必须用改革的办法去解决。但是，很多人对此不理解，认为中国的发展水平已经可以了，没有必要再发展了。如何辨析这种观点呢？

我们不妨做一些历史的追溯。2012年11月15日，在中国共产党新一届政治局常委与中外记者见面会上，习近平指出，我们要接过历史的接力棒，继续担当对民族、人民和党的重大历史责任。具体是，实现中华民族的伟大复兴，是第一大责任；让人民过上美好生活，是第二大责任；管党治党、解决问题、改进作风、强化领导是第三大责任。我们一定要勤勉工作，努力向历史、向人民交一份合格的答卷。

2012 年 11 月 29 日，习近平在参观“复兴之路”展览后表示，“雄关漫道真如铁”代表了中华民族的昨天，“人间正道是沧桑”代表了中华民族的今天，“长风破浪会有时”代表了中华民族的明天。实现中华民族伟大复兴，是中华民族近代以来最伟大的梦想。现在，我们比历史上任何时期都更接近这个目标，比历史上任何时期都更有信心、有能力实现这个目标。我们这一代共产党人一定要继续朝着这个目标奋勇前进。到中国共产党成立一百年时，我们一定要实现全面建成小康社会的目标，到新中国成立一百年时，我们一定要实现建成富强民主文明和谐的社会主义现代化国家的目标，中华民族伟大复兴的梦想一定能实现。时隔一月，习近平来到中国改革开放的先行地深圳进行考察。在考察中，他反复强调，改革开放是我们党的历史上一次伟大觉醒，正是这个伟大觉醒孕育了新时期从理论到实践的伟大创造。30 年过去了，广东、深圳的实践充分说明，改革开放的决定是正确的，我们今后仍然要走这条正确的道路。这是富国之路、富民之路，要坚定不移地走下去，而且要有新开拓，要上新水平。

2013 年 11 月，党的十八届三中全会审议通过了《中共中央关于全面深化改革若干重大问题的决定》。这个《决定》是确保“两个一百年”目标不落空的文件依据，它从 16 个方面对全面深化改革的意义、路径和保障进行了详细说明。习近平在《关于〈决定〉的说明》中指出，改革开放是决定当代中国命运的关键一招，也是决定实现“两个一百年”奋斗目标、实现中华民族伟大复兴的关键一招，实践发展永无止境，解放思想永无止境，改革开放也永无止境，停顿和倒退没有出路，改革开放只有进行时、没有完成时。

重温习近平同志的系列讲话，我们不难发现，改革依然是当前中国最大的政治，没有持续深入的改革，中华民族伟大复兴的中国梦就会落空，这个梦想一旦落空，那就是对历史和人民的不负责，中国共产党不能辜负这种历史的重托。所以，源于一种自觉的历史担当和现实的责任意识，我们又一次发出了全面深化改革的重大决定。在此，我们无意于强调改革的意义和路径，而是为了突出说明新的中央领导集体的历史思维，这种思维是广大党员领导干部理解和推进改革的重要的思想方法论。

1. 从民族的记忆中理解改革

我们身处在一个改革的时代，改革既为中国带来了巨大红利，也为中国增加了空前的问题和困惑，对此，有的人认为中国的改革必须按照先进国家的样式来进行，有的人认为中国的改革必须按照过去的习惯来进行，有的人认为中国的改革必须按照理想的样式来进行，凡此种种，不一而足。

我们认为，中国改革的理由有一千条一万条，但是最根本只有一条，那就是实现中华民族的伟大复兴和建成社会主义现代化强国。我们要将一个和平发展、稳定发展和科学发展的中华民族带入现代化，这是对民族负责的态度，也是对世界负责的态度。没有这个态度，任何一种对改革的理解都将偏离方向，不着边际；没有这个态度，任何一种对改革的推进都将流于形式，无关痛痒，所以，推进改革的决心首先来自一种对中华民族繁荣发展的责任感和使命感。

中国是一个多民族的国家，不同民族之间长期的交流和融合铸就了中华文明的多样性、丰富性和吸引力，在世界范围内，中华民族独树一帜、独具特色。无论是在封建社会，还是在当前社会，中华文明对其他民族和国家的人民始终具有强大的吸引力，这是我们增强民族自信的基本常识，但是，从这个问题的另一面入手，我们要看到，繁荣多彩的文化需要强大的政治和军事作保障。创造文化和守护文化是两种能力，我们的民族有强大的创造力，但是，自晚清以来，由于我们对自己的文化过于自信，以致陷入了孤芳自赏和闭关锁国的境地，遭受了西方列强的入侵和破坏。所以，透过历史的帷幕，当我们站在圆明园的废墟上对八国联军的烧杀抢掠无比愤慨之余，当我们细数日本军国主义在中国犯下的累累罪行之际，我们更应该反思中华民族长远发展的重大问题，这个问题的本质就是强大的文明成果需要同样强大的政治意识和军事能力进行支撑和保障，如果我们的历史意识达不到这个层面，那么，即使通过一代人甚至几代人的努力创造，中华民族又一次实现了伟大复兴，但放松了对其他文化精华的吸收和自我壮大，这种发展的成果依然有被再一次破坏和掠夺的可能，这是历史留给我们的沉痛教训。

2015 年 9 月 3 日，中国在天安门广场举行了纪念抗日战争胜利暨世界反法西斯战争胜利 70 周年大阅兵，有 49 个国家和 10 个国际组织出席了这次活动。在举行这次活动之前，很多人提出了这样的疑问：这次阅兵是给谁看的？乍看上去，这个问题似乎很敏感，很不好回答。其实，冷静想一想，这个问题本可以不提，即使有这样的疑问，也很容易回答。我们认为，纪念战争是为了防止战争，和平与战争之间是一种反面的逻辑联系，对和平的向往是战争年代的人们厌恶战争、结束战争的共同心理期待，而对战争的纪念是和平年代的人们珍惜和平、发展和平的共同心理诉求，这就是战争与和平之间的本质关系。所以，作为中国共产党人，我们不能犯历史健忘症，不能忘记千千万万的中华儿女为了新中国而不惜献出生命的牺牲精神和感人事迹，更不能躺在所谓幸福的小日子中优哉游哉，犯“温水煮青蛙”的重大失误。

古人云：生于忧患死于安乐。一个没有忧患意识的民族肯定不能长久，一个不愿正视过去的民族必然难以发展，所以，中国的纪念抗战胜利和反法西斯战争胜利的活动首先是警醒自己，其次是警醒世人。在第一种意义上，中华民族要在清醒的前提下实现自己的现代化目标，这个过程需要我们自己去奋斗和争取，这是抵制干扰、指责和破坏的重要思想基础；在第二种意义上，我们既要让那些侵略过中国的人看到，中国人没有忘记伤痛，没有盲目自大，也要让那些与中国一道进行民族独立和国家解放的第三世界国家看到，世界范围内的战争隐患依然存在，只有埋头发展，才是防止战争的根本出路。

毛泽东同志有句名言：战争的目的在于消灭战争。我们今天纪念战争的目的是为了恪守正义，拥护和平，共同发展，而不是为了挑起新的仇恨，放大对战争的记忆。中华民族是一个爱好和平的民族，不侵略、不结盟、不树敌是我们一贯的作风，所以，通过抗战纪念，我们更多想让自己的民族在和平发展的道路上走得更远，这才是对民族复兴目标的有力践行。

2. 从人民的期待中理解改革

在近代历史中，中国人民不仅遭受了屈辱，而且遭受了贫穷，当然，有的学者力图想通过晚清政府的 GDP 总量来说明中国当时也不贫穷，但是，我们要看到，当时的这种 GDP 是在农耕文明的基础上获得的，它无法与西方的机器工业和商业文明进行质的对比和抗争。所以，从 19 世纪下半叶开始，整个中国是经济、政治、军事和文化的全面落后，正是因为这个全面落后，我们这个国家遭受了政治的屈辱和经济的裹挟，换言之，我们无法坚守自己的独立性，当然，为此付出代价也就成了历史的必然。

尽管从洋务运动开始，国人始终力求通过维新改革实现独立自强，但是，我们更要看到，当时的中国距离世界先进生产力水平的差距实在太大，这个差距是一种结构性、系统性和历史性差距，要弥补这个差距至少需要几代人的努力，而且，这种努力必须在和平发展的环境中进行。所以，正如马克思所说，“人类始终只提出自己能够解决的任务，因为只要仔细考察就可以发现，任务本身，只有在解决它的物质条件已经存在或者至少是在生成过程中的时候，才会产生。”[1] 为了赢得和平的发展环境，我们首先就需要赶走外敌，实现民族的解放和国家的独立，这是实现经济富强的政治和军事保障，而这恰恰是中国革命的首要问题，这是理解毛泽东同志所概括的“三座大山”的理论切入点。当然，历史最终证明，中国共产党通过自己的努力和牺牲认清了历史形势，改变了生存环境，完成了历史使命，这是 1949 年之后中国社会发展的重要基础。

---

[1] 《马克思恩格斯选集》第 2 卷，人民出版社 1995 年版，第 33 页。

基于上述分析，我们就很容易理解，为什么从 1958 年开始，整个中国逐渐走上了盲目跃进的发展道路，而对这种狂热，我们整个国家几乎丧失了基本的自觉。当然，在这种集体狂热和浮躁的背后，我们更应该看到中华民族渴望过上美好生活、幸福生活的紧迫感，正是多种历史因素的交织作用，我们才走了一段不该走的弯路。

中国的改革来源于问题，这个问题就是：1978 年之际，中国社会的政治生活单调，经济结构单一，文化生活僵化，这是政治斗争扩大化的副产品，而这又是改革开放的大前提。尽管“革命化的建设”和“去革命化的改革”具有不同的侧重和逻辑，但是，让人民过上更好的生活是 1949 年之后中国政治生活的主题，只不过前者是反面教训，后者是正面经验。我们要基于人民立场把教训和经验联系起来，要看到中国共产党自身的反思和进步，这是坚定改革信心、保持改革强度、确保改革效果的思想准备。

事实上，在历史的教训和发展的经验面前，中国共产党已经变得越来越成熟，中国的改革既不是为了赢得别人的掌声，也不是为了照顾特殊群体的利益，而是为了在更深的层面和更广的范围实现人民的利益，赢得人民的拥护。所以，以经济改革为重点，我们的民主化、法治化、科学化的进程同时在加快，系统化、整体性、协同性是这次改革的鲜明特点和基本原则。我们自信，中国的问题必将在全面深化改革的进程中得到更好的解决，人民的利益必将在全面深化改革的过程中得到更好的实现。

3. 从党的建设中理解改革

除了实现民族复兴、实现人民富裕和国家富强之外，中国改革开放还有一个重要的历史目的，那就是巩固党的执政基础和提升党的执政能力，在这个意义上，“坚持和发展中国特色社会主义事业”与“坚持和完善党的领导”是同一个问题的两个方面。换言之，改革事业更进一步发展与党的执政能力的更进一步提高是同一个现实过程，我们必须用历史思维来看待这种过程。

对于改革开放的过程中始终要重视加强党的建设问题，中国共产党的认识始终是清醒的。我们可以看到，早在1978年12月举行的中央工作全会上，邓小平就指出：“实现四个现代化是一场深刻的伟大的革命。在这场伟大的革命中，我们是在不断地解决新的矛盾中前进的。因此，全党同志一定要善于学习，善于重新学习。……学习好，才可能领导好高速度、高水平的社会主义现代化建设。”❶ 可见，从启动中国改革开放的最初时刻，邓小平同志就对党自身提出了不断学习、不断前进的要求。

1992年，他又带着强烈的忧患意识说道：“中国要出问题，还是出在共产党内部。对这个问题要清醒，要注意培养人，要按照‘革命化、年轻化、知识化、专业化’的标准，选拔德才兼备的人进班子。我们说党的基本路线要管一百年，要长治久安，就要靠这一条。真正关系到大局的是这个事。”❷ 可见，作为中国改革开放的总设计师，邓小平非常清楚我们的事业的发展和党自身的建设之间的本质关联性。在他看来，中国改革开放的速度、质量和效果主要取决于中国共产党自身的意识、能力和水平，这是一对休戚与共的关系。所以，在反腐败的问题上，他说：“我们要反对腐败，搞廉洁政治。不是搞一天两天、一月两月，整个改革开放过程中都要反对腐败。”❸

1993年，在防止分配不公，贫富差距的问题上，他又高瞻远瞩地指出：“十二亿人口怎样实现富裕，富裕起来以后财富怎样分配，这都是大问题。解决这个问题比解决发展起来的问题还困难。分配的问题大得很。……少部分人获得那么多财富，大多数人没有，这样发展下去总有一天会出问题。分配不公，会导致两极分化，到一定时候问题就会出来。这个问题要解决。过去我们讲先发展起来。现在看，发展起来以后的问题不比不发展时少。”❹

---

❶ 《邓小平文选》第2卷，人民出版社1994年版，第152—153页。

❷ 《邓小平文选》第3卷，人民出版社1993年版，第380页。

❸ 《邓小平文选》第3卷，人民出版社1993年版，第327页。

❹ 参见《邓小平年谱》（1975—1997）（下），中央文献出版社2004年版，第1364页。

经过40年的高速发展，中国已基本实现了改革开放之初提出的经济目标，我们完成了邓小平同志战略构想中的前两步，即在上个世纪末，基本实现温饱和小康，当前，我们正在实现其第三步战略构想，即“通过三十到五十年的时间，达到中等国家水平”。但是，正如邓小平同志当年所顾虑的那样，在实现经济高速发展，解决人民生活富裕问题的同时，我们党自身也面临很多新的危险，如精神懈怠的危险、能力不足的危险、脱离群众的危险和消极腐败的危险，等等。

所以，党的十八大之后，以习近平为代表的新一届党中央特别强调，治国必先治党，治党务必从严。形势的发展、事业的开拓、人民的期待，都要求我们以必须改革创新的精神全面推进党的建设新的伟大工程，尤其是要将全面从严治党的任务落到实处。我们看到，2013年1月，在中纪委第二次全会上，习近平指出，身为党员，必须执行铁的纪律。如果党的政治纪律成了摆设，就会形成“破窗效应”，使党的章程、原则、制度、部署丧失严肃性和权威性，党就会沦为各取所需、自行其是的“私人俱乐部”。2014年1月，在中纪委第三次全会上，他又指出，改革开放和发展社会主义市场经济，改变了原有的资源配置方式和组织管理模式，越来越多的单位人变成社会人，各种复杂的人际关系和利益关系对党内生活带来不可低估的影响，引发了种种问题，组织观念薄弱、组织涣散就是其中一个需要严肃对待的问题。

2015年1月，在中纪委第五次全会上，习近平强调，从这两年查处的案件和巡视发现的问题看，反腐败斗争形势依然严峻复杂，主要是在实现“不敢腐、不能腐、不想腐”上还没有取得压倒性胜利，腐败活动减少了但并没有绝迹，反腐败体制机制建立了但还不够完善，思想教育加强了但思想防线还没有筑牢，减少腐败存量、遏制腐败增量、重构政治生态的工作艰巨繁重。因此，党风廉政建设和反腐败斗争永远在路上。有全党上下齐心协力，有人民群众鼎力支持，我们一定能够打赢党风廉政建设和反腐败斗争这场攻坚战、持久战。

我们自信，凡是损害人民利益、国家利益和民族利益的事情，最终必然会得到应有的惩治。人民拥护是实现长期执政的基础，廉洁政治是赢得人民拥护的前提，党性和人民性具有高度的一致性。但是，要赢得人民拥护首先在于党自身。如果说40年前的改革过多注重了效率，那么，40年后的改革应该重视公平，在这个时刻，发展和改革的关系已经超出了经济领域延伸到了思想、政治和军事等多个领域。所以，我们现在是全面深化改革而非片面深化改革，是全面从严治党而非片面从宽治党，是全面实现小康而非片面实现小康，是全面依法治国而不是片面依法治国，这便是“四个全面”的战略布局对于深水区的改革的重要意义。

1935年，方志敏在《可爱的中国》里写道：“我们相信，中国一定有个可赞美的光明前途。……到那时，到处都是活跃跃的创造，到处都是日新月异的进步，欢歌将代替了悲叹，笑脸将代替了哭脸，富裕将代替了贫穷，康健将代替了疾苦，智慧将代替了愚昧，友爱将代替了仇杀，生之快乐将代替了死之悲哀，明媚的花园将代替了凄凉的荒地！”[1] 这段话曾经激励了无数的青年投身革命，它代表了英勇乐观的中华儿女对民族大义的担当，对幸福生活的向往。改革发展是人类永恒的主题。在历史中发现兴衰更替的秘密，借以为当下和未来的社会发展产生指导和启示作用，是历史思维的一个重要功用。所以，强调历史思维，非常有助于我们把握发展的目的、明确发展的目标和理解发展的意义，这也是历史思维对于推进新时代中国特色社会主义事业的积极意义。

---

[1] 转引自江西省委党史研究室编：《方志敏文集》，江西人民出版社1999年版，第141页。

第三章 历史思维与中国的实践逻辑

中国共产党人始终具有自觉的历史意识，“两个一百年”奋斗目标的提出和延续其实就是这种历史意识的鲜明表征，正是因为注重纵向的历史思考和横向的历史比较，所以，中国共产党人才能在纷繁复杂的历史格局中把握住中国问题的实质，对工作重心进行及时调整，并对自身提出不同的能力要求，这是中华民族走向复兴的历史密码。质言之，系统梳理中国共产党在革命、建设和改革等不同历史时期所体现出来的历史思维，是坚定理论自信的基础性工作。

一、历史思维与中国革命

如果将1840—1921年视为中国近代史的前半段，将1921—1949年视为后半段，我们会发现，前后两段历史的革命主体及其所展示出来的社会效用截然不同。当然，这里的区别就在于中国共产党的成立以及对中国的国家命运和民族大义的历史担当，尤其是对中国共产党的创始人和领导者的毛泽东来说，这种历史意识尤为明显。在分析中国现实、揭示社会规律、明确革命要求、推动社会变革的过程中，毛泽东的历史思维得到了系统而全面的体现，这对于中国革命的成功起到了至关重要的作用。

1. 重新理解历史，确立新的历史观

毛泽东同志有句名言：“人民，只有人民，才是创造世界历史的动

力。”[1] 这句话体现了毛泽东同志的历史主体观，在他看来，只有广大的人民群众才是历史的主人。但是，反观历史，人民群众的社会贡献最大，历史地位却最低，带着这个问题，毛泽东读了很多马克思主义著作，对于《共产党宣言》他感触最深，因为在这本著作中，他发现了马克思分析人类历史的基本方法，这就是阶级分析法。

马克思主义的阶级分析方法是分析历史最管用的工具，这个工具的中国化运用的首要任务就是分清中国社会的阶级构成。在毛泽东同志看来，整部中国封建社会的历史就是地主阶级和农民阶级的斗争史。在封建社会，由于地主阶级是统治阶级，他们掌握了意识形态的话语权，所以，历史都是按照他们的要求和目的书写的，尽管农民战争发生了很多次，但是，当起身造反的农民成为新的统治者之后，他们依然会变成新的地主阶级，而历史依然会按照地主阶级的标准进行编撰。对于毛泽东来说，如果说阶级斗争是阶级社会发展的直接动力，那么，哪个阶级才是历史的真正推动者？很显然，在毛泽东看来，根据马克思主义和中国实际，推动中国历史变革和朝代更替的恰恰是那些无产农民，他们创造了生产力，但他们最没有地位，正是因为他们受的压迫最深，他们反抗得才最激烈，甚至破坏得更彻底，所以，应该批判“帝王史观”，确立“人民史观”。

基于人民史观，毛泽东同志揭露到，“历史是由人民创造的，但在旧戏舞台上（在一切离开人民的旧文学旧艺术上）人民却成了渣滓，由老爷太太小姐们统治着舞台”。[2] 所以，文艺就应该为人民大众服务，没有超阶级的文艺，也没有超阶级的人性。在这种立场的主导下，文艺工作者应该将人民性视为艺术创作的主导标准，人民是我们的创作之源，人民是我们的服务对象，只有这样，我们才能得到人民的认可和拥护。

---

[1] 《毛泽东选集》第 3 卷，人民出版社 1991 年版，第 1031 页。

[2] 《毛泽东书信选集》，人民出版社 1983 年版，第 222 页。

2. 重新点评人物，确立新的英雄观

从某种意义上看，毛泽东也崇拜秦皇汉武，也知道这些伟大人物对于历史的推动作用，但是，他不是一个读死书的人，或者说他并不崇拜封建的帝王将相，而是善于从这些帝王将相身上吸取历史的教训。所以，透过无数次的农民起义，毛泽东看到，像陈胜、吴广、李自成这类农民领袖，尽管他们代表了对封建残暴统治的殊死反抗，但是在史书中，他们却被视为“下等人”和“草寇”，而帝王将相的三纲五常、文武大臣的忠孝节义、才子佳人的风流韵事却变成了历史著作的主要内容。对于这一点，毛泽东显然不满，因为这与马克思主义的阶级立场和历史主体标准格格不入，所以，基于理论依据和现实需要，我们应该将颠倒的历史再次颠倒过来，要给陈胜、吴广等农民领袖以正面评价，要在历史中赋予他们以主人地位和英雄荣誉，同时，要毫不留情地批判那些土豪劣绅和太太小姐。

中国史学界关于“历史主义与阶级观点”的争论更是上述史学标准的延伸和扩展。1938 年 10 月，毛泽东指出：“今天的中国是历史的中国的一个发展；我们是马克思主义的历史主义者，我们不应当隔断历史。从孔夫子到孙中山，我们应当给以总结，承继这一份珍贵的遗产。”❶ 当然，值得引起注意的是，针对那种全部否定孔孟之道的观点，他还指出：“孔孟有一部分真理，全部否定是非历史的看法。”❷ 可见，毛泽东同志也是一名历史主义者，他也清楚要按照历史的实际过程去理解历史中的人物和事件，如果按照今天的标准去衡量历史，就是非历史主义。但是，现实的发展往往会超出理论的设定，以阶级观点梳理和评点历史的非历史主义观点也在逐渐发展。1958 年开始的“大跃进”运动更为阶级观点的扩大化奠定了基础。这一年，陈伯达在全国科学规划会议上提出了“厚今薄古”的口号，在这一口号的影响下，

---

❶ 《毛泽东选集》第 2 卷，人民出版社 1966 年版，第 499 页。

❷ 转引自《毛泽东的读书生活》，生活·读书·新知三联书店 1986 年版，第 200 页。

人们认为，只有“厚劳动人民，薄帝王将相”才算抓住了“阶级斗争的红线”。有的学者甚至认为，要“在教材中把帝王将相的活动，统治阶级内部狗咬狗的斗争，以及传统视为十分重要的政治制度和政治沿革都予以删除，王朝的名称只是作为纪年的符号，其始末概不加以叙述。”❶ 此种观点可谓“人民史观”在史学界的有力体现。对于这场所谓的“史学革命”，有学者指出，“见封建就反，见地主就骂”的做法貌似贯穿了马克思主义的阶级观点，其实是农民意识和农民情感所造成的理论迷雾。❷

当然，我们更应该看到，残酷的革命斗争现实对革命化的历史思维有塑造作用，在这一前提下，我们的历史评价标准只能倒向农民和工人一边，否则，中国共产党能否存在都是个大问题。革命往往是激进的、极端的，但是，就其所要实现的目的而言，它往往有较大的合理性。四平八稳、中庸之道说起来可以左右逢源，但不适合革命化、斗争化的社会现实，所以，毛泽东将广大农村的贫苦百姓和城市的无产阶级视为阶级朋友就显得非常合乎逻辑。在更深的层面，共产党人的历史观与其秉承的利益观、人生观和价值观具有内在的一致性，而将农民阶级请上台，将地主阶级赶下台，便是解决这一问题的有效形式，正是在这个意义上，历史要重新定义，英雄需要重新设定。

3. 重新开创历史，确立新的世界观

中国共产党领导的土地革命是一场反对“三座大山”、实现救亡图存的民族革命，在更为深远的层面，它是在为一个没有剥削和压迫的社会主义社会奠定基础。只有在这个意义上，我们才能既领会到中国革命、建设和改革的连续性，又能体会到轰轰烈烈的中国土地革命的世界历史意义。如果说共产党早中期的主要任务是救亡图存，那么，

---

❶ 转引自王学典著：《20 世纪后半期中国史学主潮》，山东大学出版社 2000 年版，第 55 页。

❷ 参见王学典著：《20 世纪后半期中国史学主潮》，山东大学出版社 2000 年版，第 78—79 页。

在取得革命政权、赢得革命拥护、壮大革命队伍的中后期，巩固新政权、创造新社会则是重中之重。从哲学上讲，它代表了中国共产党对新旧历史事物的不同认知和不同历史发展阶段的辨别，在这种历史方位、趋势、性质和特点的判断上，以毛泽东为代表的中国共产党人的头脑是清醒的，我们必须用历史思维认清这一点，并作出学理的分析和历史的评价。

1949 年 10 月 1 日，中华人民共和国成立，这意味着中国历史进入了新时代。从这个时候开始，中国对外废除了所有帝国主义国家强加于中国人民头上的各种不平等条约，对内消灭了曾经剥削人民的地主阶级官僚阶级和资产阶级，中国的国家权力属于千千万万的工农群众，而不是原来那些靠剥削中国人民为生的地主、官僚、大资产阶级和帝国主义列强。中国共产党代表中国人民来管理国家，人民民主专政是管理新社会、建设新国家的有效形式，其含义非常简单，即“对人民的敌人实行专政，对人民实行民主”，作为彻底革命和大公无私的工人阶级，是实现人民民主专政的领导者。从最根本的意义上说，中国共产党是广大人民利益的实现者、守护者和捍卫者，人民是国家的主人，共产党是人民的代表，这在黑暗的旧中国乃至两千多年的中国历史上是不可想象的事情，所以，1949 年新中国的成立对于中国历史和中国人民的正面意义怎么估量都不过分。

人民的政权必然遭受人民的敌人的反对，这是再朴素不过的道理。1950 年 6 月，毛泽东指出，尽管我们党领导的新民主主义革命在全国范围内取得了胜利，成立了中华人民共和国，但是，革命尚未成功。这是因为，我们的敌人还存在于四面八方，主要是：“第一，帝国主义反对我们。第二，台湾、西藏的反动派反对我们。第三，国民党残余、特务、土匪反对我们。第四，地主阶级反对我们。第五，帝国主义在我国设立的教会学校和宗教界中的反动势力，以及我们接收的国民党的文化教育机构中的反动势力反对我们。这些都是我们的敌人。我们要同这些敌人作斗争”[1] 之后，为了维护新生的人民政权，我们先后展开了镇压反革命、“三反五反”运动和抗美援朝战争等革命行动，从一种更为宽泛的意义上讲，这是新生的社会主义政权的自我保护和自觉反抗。尽管我们已经从革命党变成执政党，但是，我们还是一个弱小的执政党，捍卫新生的国家政权依然是我们的重点工作，而要消除对新生政权的各种破坏就必须运用阶级分析方法和革命斗争手段。尽管这些方法和手段具有旧式的农民革命的特点，但是，如果我们跳开之前的历史经验和当时的历史环境去做抽象的假设，以为可以用别的什么“和风细雨”的方式去巩固新生政权，这就是对历史的背叛，这只会给历史虚无主义大开方便之门。

二、历史思维与中国建设

错误和正确总是相对而言，正确和错误的边界往往需要联系具体的历史环境去认识，只有这样才能得到相对客观、理性的历史认识和历史结论。基于这种分析，我们认为，要对新中国成立后30多年的历史作出理性、客观的认识，必须坚持历史思维。

1. 工作重心的历史性转移

1949年3月5日，党的七届二中全会在西柏坡召开，这次会议其实代表了“进城前”的中国共产党人对历史发展方位的新判断以及对自己的新要求。毛泽东明确指出：“从1927年到现在，我们的工作重点是在乡村，在乡村聚集力量，用乡村包围城市，然后取得城市。采取这样一种工作方式的时期现在已经完结。从现在起，开始了由城市到乡村并由城市领导乡村的时期。”[2] 随着历史阶段的转变，我们“党的工作重心由乡村转移到了城市。”[3] 但是，面对新的形势和任务，在

---

[1] 《毛泽东选集》第5卷，人民出版社1977年版，第21—22页。
[2] 《毛泽东选集》第4卷，人民出版社1991年版，第1426—1427页。
[3] 《毛泽东选集》第4卷，人民出版社1991年版，第1427页。

管理和建设城市的工作中，我们依靠谁呢？“有些糊涂的同志认为不是依靠工人阶级，而是依靠贫民群众。有些更糊涂的同志认为是依靠资产阶级。”❶ 可见，对他来说，形势变了我们的认识就要变化，“变”与“不变”要灵活运用，要看到变化了客观形势，否则就会被历史淘汰。

从上述意义出发，毛泽东向全党提出告诫：“如果我们在生产工作上无所知，不能很快地学会生产工作，不能使生产事业尽可能迅速地恢复和发展，获得确实的成绩，首先使工人生活有所改善，并使一般人民的生活有所改善，那我们就不能维持政权，我们就会站不住脚，我们就会要失败。”❷ 作为在过去的革命斗争中被多次证明的行之有效的群众路线这一根本的工作方法，它可以穿越历史发挥出新的效用，利用这个方法，我们不仅能够找到城市工作的突破口、切入点，而且能够赢得经济建设和攻坚克难的自信。对于这点，毛泽东同志认识得非常清楚。

在进驻中南海之后，毛泽东迅速领导人民展开了全面的社会主义建设。政治方面，肃清特务和间谍，打击土匪和恶霸，镇压反革命，阻止投机分子入党；经济方面，节约开支，制止通货膨胀、平衡收支状况，进行土地革命，制定发展计划；教育方面，争取爱国的知识分子支持，改造旧式的知识分子；社会治理方面，救济失业工人，帮助失业者就业；外交方面，争取第三世界国家的国际支持，支持朝鲜的抗美斗争，改善中国与周边和西方国家的外交关系，等等。所以，在1951 年 10 月召开的中国人民政治协商会议第一届全国委员会第三次会议上，毛泽东以肯定性的语气总结到：“在中华人民共和国成立以来的两年中，我们各方面的工作都获得了伟大的胜利。”❸ 应该说，毛泽东同志的这种总结是准确的。在 1952 年 8 月举行的中国人民政治协商会

❶《毛泽东选集》第 4 卷，人民出版社 1991 年版，第 1427 页。
❷《毛泽东选集》第 4 卷，人民出版社 1991 年版，第 1428 页。
❸《毛泽东选集》第 5 卷，人民出版社 1977 年版，第 50 页。

议第一届全国委员会第三十八次会议上，在分析朝鲜战争的形式之后，毛泽东指出："说马上要打第三次世界大战，是吓唬人的。我们要争取十年工夫建设工业，打下巩固的基础。"❶ 对于未来，他说道："我们国家有前途，有希望。过去我们想，国民经济是否三年可以恢复。经过两年半的奋斗，现在国民经济已经恢复，而且已经开始有计划地建设了。"❷

抗美援朝的胜利极大鼓舞了中国共产党人的建设热情。1953 年 6 月，毛泽东及时研判历史的发展阶段，提出了著名的"过渡时期"的设想。在此阶段，我们的总路线和总任务是完成农业、手工业和资本主义工商业的社会主义改造，为此目的，毛泽东同志带头制定了国民经济发展的"三个五年计划"，利用这个计划，我们准备用十五年的时间实现社会主义制度的落地生根。与此同时，为了防止脱离总路线，毛泽东及时对急躁冒进倾向的"左"倾错误和在原地打转的保守的"右"倾错误进行了批判。此外，从作风建设的角度，他继续提倡谦虚、学习和坚韧的精神，反对沾沾自喜、妄自尊大和骄傲自满的不良风气。

可见，在建国之初，整个中国共产党的领导层都非常重视国家的经济建设，面对长期受战争破坏的中国社会，他们比任何人都心急如焚，我们革命的最终目标也无非为了让人民翻身过上好日子。这个历史的立场和动机我们不能怀疑和否定。研究建国以后的历史，必须首先肯定这一点。

2. 不要重蹈李自成的覆辙

在党的七届二中全会上，毛泽东就已经意识到了社会主义建设的长期性和艰巨性。他在这次会议报告的结尾强调，我们很快在全国胜利了，夺取这个胜利，已经是不需要花费很大的气力，而巩固这个胜

---

❶ 《毛泽东选集》第 5 卷，人民出版社 1977 年版，第 68 页。

❷ 《毛泽东选集》第 5 卷，人民出版社 1977 年版，第 69 页。

利，则需要很久的时间和要花费很大的气力，这是因为胜利会滋生党内的骄傲情绪，会导致不思进取，贪图享乐，与此同时，人民会给我们赞扬和掌声，资产阶级会给我们送糖衣炮弹，所以，夺取全国的胜利，只是万里长征走完了第一步，中国的革命是伟大的，但革命以后的路程更长，工作更伟大，更艰苦。[1] 正是在此意义上，他告诫全党不要重蹈李自成的覆辙，要防止自我陶醉，要继续保持“两个务必”的工作作风。

在打好心理预防针的同时，毛泽东体会到，由于中国的封建主义延续了两千多年，所以，消灭旧的生产方式必然是个长期的历史过程过程，对此要有长期的思想准备。毛泽东分析到，中国已有10%左右的现代工业经济，这是历史的进步，但是，还有90%左右分散的个体的农业经济和手工业经济，这是落后的，在今后一个相当长的历史时期，这种经济生产方式依然是主导，要消灭这种生产方式必然需要很大的努力和很长的时间，对这一现实我们要重视，否则就会犯“左”倾机会主义错误。

1954年6月，《中华人民共和国宪法草案》（以下简称《草案》）获得通过，在关于这个《草案》的讲话中，毛泽东的历史思维得到了充分体现。主要是：第一，它是总结历史经验的结果。毛泽东指出，这个宪法草案既总结了无产阶级领导的反对帝国主义、封建主义和官僚资本主义的人民革命的经验，又总结了最近五年的社会改革、经济建设、文化建设和政府工作的经验，既总结了从清朝末年以来关于宪法问题的经验，又参考了苏联和各人民民主国家的宪法。第二，它兼顾了原则性和灵活性。毛泽东指出，“要实行社会主义原则，是不是要在全国范围内一天一早晨一切都实行社会主义呢?”[2] 显然不是，因为这不是一下子能够办到的事情。例如，国家资本主义不是只有公私合营一种形式，而是有各种形式，只有逐步实行各种形式的国家资本主

[1] 参见《毛泽东选集》第4卷，人民出版社1991年版，第1438页。

[2] 《毛泽东选集》第5卷，人民出版社1977年版，第127页。

义才能达到社会主义全民所有制。又如，对于这部草案，少数民族可以根据不同的实际予以执行，这是因为，有的少数民族还有历史上遗留下来的奴隶主所有制和封建主所有制，所以，不能犯急于求成的毛病。在这篇讲话的最后，毛泽东讲道："我们是一个六亿人口的大国，要实现社会主义工业化，要实现农业的社会主义化、机械化，要建成一个伟大的社会主义国家，究竟需要多少时间？现在不讲死，大概是三个五年计划，即十五年左右，可以打下一个基础。到那时，是不是就很伟大了呢？不一定。我看，我们要建成一个伟大的社会主义国家，大概经过五十年即十个五年计划，就差不多了，就像个样子了，就同现在大不一样了。现在我们能造什么？能造桌子椅子，能造茶碗茶壶，能种粮食，还能磨成面粉，还能造纸，但是，一辆汽车、一架飞机、一辆坦克，一辆拖拉机都不能造。牛皮不要吹得太大，尾巴不要翘起来。当然，我不是讲，能造一辆，尾巴就可以翘一点，能造十辆，尾巴就可以翘得高一点，随着辆数的增加，尾巴就可以翘得更高一些。那是不行的。就是到五十年后像个样子，也要和现在一样谦虚。"❶

1955 年 3 月 21 日，在中国共产党全国代表会议的讲话中，毛泽东又强调了建设社会主义的长期性和艰巨性。他说："在我们这样一个大国里面，情况是复杂的，国民经济原来又很落后，要建成社会主义社会，并不是轻而易举的事。我们可能经过三个五年计划建成社会主义社会，但要建成为一个强大的高度社会主义工业化的国家，就需要几十年的艰苦努力，比如说，要有五十年的时间，即本世纪的整个下半世纪。"❷

可见，谦虚谨慎、戒骄戒躁的优良作风的背后，是中国共产党人对历史智慧的重视和对现实问题的自觉，这一思想传统源于战火纷飞的革命年代，但在和平发展年代，我们并没有放弃。在革命年代，这个传统为共产党赢得人民拥护、夺取全国政权奠定了厚实的基础，是

---

❶ 《毛泽东选集》第 5 卷，人民出版社 1977 年版，第 130 页。

❷ 《毛泽东选集》第 5 卷，人民出版社 1977 年版，第 139 页。

共产党人团结奋进、开拓进取的优秀政治基因，这体现了毛泽东同志丰厚的历史素养。

3. 对阶级斗争形势的错误估计

中国的土地革命成功解决了土地问题，从社会基本矛盾的角度看，它只是从基本的经济制度层面实现了生产资料的全民所有，全体社会成员对于发展生产的积极性固然很高，但是，支撑生产力发展的科学技术、人口素质、管理制度和意识形态等要素也需要提升和发展。这就是说，革命和建设有不同的逻辑侧重点，如果说革命较多侧重于政治，那么建设就应该侧重于经济；如果革命侧重于批判，那么建设就侧重于治理，反过来说，如果用革命的理论指导经济建设，必然会造成社会混乱，中国共产党在社会主义建设初期所犯的错误显然与这种理论上的错位直接关联。

透过历史，我们看到，尽管毛泽东同志很注重制定和落实经济计划，但是，他不愿意新中国再次出现封建社会的三六九等和贫富差异，实现广大工农阶级彻底的翻身解放和当家作主是其深远的政治夙愿。1949 年新中国的成立使这个愿望得以实现，所以，在接下来的日子里，他必然会带头捍卫这一来之不易的革命成果，在这种情况下，经济逐渐让位于政治、建设逐渐让位于斗争也就变得容易理解，在这种情况下，基于革命历史传统所形成的斗争思维其实给经济建设帮了一个倒忙，后来愈演愈烈的个人崇拜、思想僵化和反“右”斗争便是其主要表现。

基于上述分析，我们看到了两条线索的交织。

一条线索是，我们党也在积极探索社会主义建设的经验，力求发展经济生产。1956 年初，为了明确社会主义建设的若干重大问题，防止走前苏联所走过的弯路，中央政治局听取了中央 34 个部门的工作汇报，毛泽东同志综合提炼了关系国民经济发展的十组重大关系。对“十大关系”的分析和提炼代表了中国共产党进行社会主义建设的谨慎姿态、务实原则和科学水平，基于这些认识，我们认为，中国共产党在新中国成立之初已经初步表现了从革命党向执政党的身份自觉。紧随其后，1956年9月，党的八大召开，刘少奇在八大报告中指出，“三大改造”已经取得全面胜利，它标志着第一个五年计划的基本完成，在接下来的第二个五年计划里，我们的主要任务是：（1）继续进行以重工业为中心的工业建设，推进技术改造，建立我国工业化的基础；（2）继续完成社会主义改造，巩固和扩大集体所有制和全民所有制；（3）进一步地发展工业、农业、手工业的生产，相应地发展运输业和商业；（4）培养建设人才，加强科研，以适应社会主义经济文化发展的需要；（5）增强国防力量，提高人民的物质生活和文化生活的水平。1957年2月，在《关于正确处理人民内部矛盾的问题》的讲话中，毛泽东专门讲了“中国的工业化道路”问题，他指出，我国的经济建设必须以重工业为中心，但同时必须发展农业和轻工业，为了顺利实现第二个和第三个五年计划，我们不能过于追求工业化的速度，要给农业和轻工业发展留出时间，此外，还要从苏联吸取有益的经验。

另一条线索是，我们没有放弃斗争思维。建国后，尽管我们的工作重心是经济建设，但是，毛泽东同志也在多个场合多次提醒不要忘记阶级斗争，尤其是东欧的剧变使他更加明确甚至强化了这种思维。他指出：“东欧一些国家的基本问题就是阶级斗争没有搞好，那么多反革命没有搞掉，没有在阶级斗争中训练无产阶级，分清敌我，分清是非，分清唯心论和唯物论。现在呢，自食其果，烧到自己头上来了。……不依靠群众进行阶级斗争，不分清敌我，这很危险。”❶ 所以，毛泽东指出，“要运用马克思主义的对立统一学说，观察和处理社会主义社会阶级矛盾和阶级斗争的新问题，观察和处理国际斗争的新问题。”❷ “现在的情况是：革命时期的大规模的急风暴雨式的群众阶级斗争基本结束，但是阶级斗争还没有完全结束”❸。因此，在社会主义社会，社会基本矛

❶ 《毛泽东选集》第5卷，人民出版社1977年版，第323页。
❷ 《毛泽东选集》第5卷，人民出版社1977年版，第362页。
❸ 《毛泽东选集》第5卷，人民出版社1977年版，第375页。

盾依然存在，只不过有敌我的矛盾和人民内部这两类矛盾，前者在一定范围、一定时期依然存在，对其不能忽视但也不能夸大，解决这类矛盾要继续采用斗争的方式；后者不具有斗争的性质，也有很多表现，但是，这种矛盾可以通过民主的方式予以化解，“团结—批评—团结”便是主要方式。

对于以毛泽东同志为代表的中国共产党老一辈的革命家来说，敌我对立的革命环境是其成长的基本环境，运用斗争思维来解决当时中国社会的很多问题也是历史的必然。但是，我们最大的问题在于没有根据变化了的条件对矛盾的性质和态势进行重估，尤其是将人民内部矛盾过于放大并蔓延至一切领域之后，整个国家和民族必然遭受莫大的浩劫，这是我们对中国社会进入社会主义建设时期所犯的错误的深刻反思。物极必反，在整个国家普遍遭受巨大的灾难和沉痛之余，我们也认识到，封闭、僵化的时代必须结束，在为社会主义的中国实践付出沉重的代价之后，我们必须以新的历史思维推动中国改革，这便是 1978 年之际中国社会的基本现实。

三、历史思维与中国改革

1956 年，邓小平曾语重心长地指出，“一个国家的问题是多方面的，不论是革命时期还是建设时期，如何使马克思列宁主义与各个时期的具体情况相结合，这是一个需要不断解决的问题。”[1] 问题的确是这样，马克思主义那里有阶级斗争理论，但这个理论是原始资本主义进行资本积累和剥削的现实表现，它是社会利益分化、固化、对立化的产物，阶级斗争的根源是经济利益分配的不公，所以，他们既揭露了资本主义的“文明面”，也批判了资本主义的“阴暗面”，还提出了以共产主义超越资本主义的“超越面”。如果对共产主义的理解仅仅停留于批判资本主义社会的“阴暗面”，而看不到其积极面，那么，我们在思维方式上就会犯形而上学错误，历史说明，我们正是在这个问题

[1] 《邓小平文选》第 1 卷，人民出版社 1994 年版，第 258 页。

上犯了错误。

邓小平同志显然非常熟悉一分为二的历史评价标准。在对待毛泽东晚年错误的问题上就坚持了这一标准，这为他成功扭转历史航向，推动中国改革奠定了理论基础。其历史思维主要表现如下。

1. 直面历史错误，全面拨乱反正

从1977年恢复工作开始，邓小平同志就十分重视对毛泽东思想的评价，上述讲话精神基本贯穿于后来的《关于建国以来党的若干历史问题的决议》（以下简称《决议》）的起草过程之中，《决议》是专门就建国后的历史进行盖棺定论的重要著作，其重要性、权威性和准确性毋庸置疑。

第一，科学对待毛泽东思想。小平同志认为，评价毛泽东同志的错误必须本着实事求是的原则，抹黑毛泽东就是抹黑我们党，不能把所有问题都归结到毛泽东的个人品质上，要从我们对社会主义的认识不足、经验缺乏、体制症结入手去分析毛泽东同志所犯的错误。承认这些错误不是为了秋后算账，而是为了把毛泽东思想中的错误成分解析出来，目的是为了不再犯类似的错误。

第二，敢于承担历史责任。从集体负责的角度出发，党凡是犯错误的时期都与党内监督不够和批评缺乏的政治风气直接相关，所以，小平同志指出，“建国以后，成功的地方我都高兴。有些失误，我也有责任，因为我不是下级干部，而是领导干部，从1956年起我就当总书记。那时候我们中国挂七个人的像，我算是一个。所以，在‘文化大革命’前，工作搞对的有我的份，搞错的也有我的份，不能把那时候的失误都归于毛主席。”[1] “讲错误，不应该只讲毛泽东同志，中央许多负责同志都有错误。‘大跃进’，毛泽东同志头脑发热，我们不发热？刘少奇同志、周恩来同志和我都没有反对，陈云同志没有说话。在这些问题上要公正，不要造成一种印象，别的人都正确，只有一个人犯

---

[1] 《邓小平文选》第3卷，人民出版社1994年版，第54—55页。

错误。这不符合事实。中央犯错误，不是一个人负责，是集体负责。”❶

第三，在肯定毛泽东历史地位的情况下，把事业推向前进。邓小平指出，我们要将“毛泽东同志已经提出、但是没有做的事情做起来，把他反对错了的改正过来。当然，我们也有发展，而且还要继续发展”❷。由此可见，揭露毛泽东晚年的错误与对毛泽东思想的坚持和发展并不矛盾，反思纠正毛泽东的错误思想与开辟未来并不矛盾，正所谓“失败乃成功之母”，“前事不忘，后事之师”“吃一堑，长一智”说的都是这个道理，共产党人要有这样的胸襟和勇气，不能被自己的错误绑住了手脚，从错误中获得教训、变得清醒、学会成长比错误本身更有意义。

可见，和毛泽东一样，邓小平同志也是一位马克思主义的历史主义者，无论是对毛泽东个人功过是非的评价，还是对社会主义建设时期的历史总结，他都坚持了实事求是的历史思维，这是其成功扭转历史航向的真正原因。

2. 确立真理标准，转移工作重心

1978 年 5 月 10 日，在胡耀邦同志的支持下，中央党校的《理论动态》上发表了一篇题为《实践是检验真理的唯一标准》的理论文章，第二天，《光明日报》以“本报特约评论员”名义公开发表此文，新华社当即向全国转发，12 日，《人民日报》《解放军报》等多家报纸将其全文转载。此后，全国许多地方性报纸纷纷转载此文，一时间，对真理标准的讨论成了全民事件。时隔一月，汪东兴召开中宣部和中央直属新闻单位负责人会议，点名批评了胡耀邦和《实践是检验真理的唯一标准》等文章。这为刚刚兴起的思想解放热潮泼了一盆冷水，在这个关键时刻，邓小平先后多次发表讲话，明确支持《实践是检验真理的唯一标准》一文所体现的马克思主义观点。1978 年 9 月 16 日，他

---

❶ 《邓小平文选》第 2 卷，人民出版社 1994 年版，第 296 页。

❷ 《邓小平文选》第 2 卷，人民出版社 1994 年版，第 300 页。

明确说道："如果只是毛泽东同志讲过的才能做，那我们现在怎么办？马克思主义要发展嘛！毛泽东思想也要发展嘛！否则就会僵化嘛！所谓理论要通过实践来检验，也是这样一个问题。现在对这样的问题还要引起争论，可见思想僵化。"❶ 同年12月13日，在中央工作会议上，他又指出："目前进行的关于实践是检验真理的唯一标准问题的讨论，实际上也是要不要解放思想的争论。……一个党，一个国家，一个民族，如果一切从本本出发，思想僵化，迷信盛行，那它就不能前进，它的生机就停止了，就要亡党亡国。这是毛泽东同志在整风运动中反复讲过的。只有解放思想，坚持实事求是，一切从实际出发，理论联系实际，我们的社会主义现代化建设才能顺利进行，我们党的马列主义、毛泽东思想的理论才能顺利发展。从这个意义上说，关于真理标准问题的争论，的确是个思想路线问题，是个政治问题，是个关系到党和国家的前途和命运的问题。"❷

其实，毛泽东同志非常注重马克思主义政治经济学的学习，正是因此，他专门强调，"中国一切政党的政策及其实践在中国人民中所表现的作用的好坏、大小，归根到底，看它对于中国人民的生产力的发展是否有帮助及其帮助之大小，看它是束缚生产力的，还是解放生产力的。"❸ 我们认为，这句话完全可以作为衡量中国共产党工作成效的根本标准，正是因为抓住了这个标准，所以，小平同志没有陷入所谓的政治家的个人恩怨，并对"两个凡是"进行了果敢的否定，毋宁说，他其实就是在坚持毛泽东思想。

1978年9月16日，在听取吉林省委工作汇报时，邓小平说："按照历史唯物主义的观点来讲，正确的政治领导的成果，归根结底要表现在社会生产力的发展上，人民物质文化生活的改善上。如果在一个很长的历史时期内，社会主义国家生产力发展的速度比资本主义国家

❶ 《邓小平文选》第2卷，人民出版社1994年版，第128页。
❷ 《邓小平文选》第2卷，人民出版社1994年版，第143页。
❸ 《毛泽东选集》第3卷，人民出版社1991年版，第1079页。

慢，还谈什么优越性？我们要想一想，我们给人民究竟做了多少事情呢？我们一定要根据现在的有利条件加速发展生产力，使人民的物质生活好一些，使人民的文化生活、精神生活好一些。”❶ 1980 年 4 月，他指出：“革命是要搞阶级斗争，但革命不只是搞阶级斗争。生产力方面的革命也是革命，而且是很重要的革命，从历史的发展来讲是最根本的革命。”❷ 1985 年 8 月，在会见坦桑尼亚共和国总统时，他又指出：“改革的性质同过去的革命一样，也是为了扫除发展社会生产力的障碍，使中国摆脱贫穷落后的状态。从这个意义上说，改革也可以叫革命性的变革。”❸ 我们认为，这几次讲话表达了一个共同的意思，那就是，中国的改革和革命既有区别也有联系，我们不能用前三十年否定后三十年，也不能用后三十年否定前三十年，因为其共同的目的都是为了解放和发展中国社会的生产力，实现人民的富裕和国家的富强，这件事情体现了中国共产党从较为成熟走向更加成熟的过程。

3. 扩大对外开放，主动融入世界

时间要靠空间去填充，时间表现着空间，空间完善着时间，时间是一种关于历史的纵向逻辑，而空间则是关于历史的横向布局。对于每个人而言，我们既需要纵向的感知历史给予我们的传统和遗产，也需要横向的感知空间赋予我们的任务和使命，每个人都生活在时空交织而成的具体之点上，这便是我们所谓的找准历史方位的哲学根据。

运用历史思维，小平同志不仅正确认识和处理了“毛泽东时代”和“后毛泽东时代”中国社会的关系，而且还正确认识和处理了“中国”与“世界”的关系。前者表现了其历史思维的时间性，后者表现了其历史思维的空间性。这两点使邓小平成为一名时代伟人。在中国融入世界历史潮流的进程中，小平同志的历史思维尤为重要。

---

❶ 《邓小平文选》第 2 卷，人民出版社 1994 年版，第 128 页。
❷ 《邓小平文选》第 2 卷，人民出版社 1994 年版，第 311 页。
❸ 《邓小平文选》第 3 卷，人民出版社 1993 年版，第 135 页。

首先，准确判断了时代主题。

1985 年 3 月，在会见日本工商会议所访华团时，邓小平同志表达了对时代主题的战略判断。他指出，从政治的角度说，中国希望和平，中国的发展只会对世界、对亚洲地区的和平稳定有利，从经济的角度说，东西半球之间是和平问题，南北半球之间是发展问题，概括起来就是东西南北问题，其中，南北问题是核心问题，所以，和平与发展是时代的主题，我们必须摒弃冷战思维，争取世界范围内和平与发展的力量，实现共同发展。时隔一年，他在会见新西兰总理时又强调，我们的现代化建设的成功取决于两个条件，一个是国内条件，就是坚持改革开放不动摇，另一个是国际条件，那就是反对霸权主义，维护世界和平，谁搞和平，我们就拥护；谁搞战争和霸权，我们就反对。

毫不夸张地说，小平同志对时代主题的判断为中国改革开放的启动和深化提供了强大的战略支撑，它使成千上万的中国人在“要不要改革”和“要不要开放”的问题上吃了一颗定心丸。这一战略判断其实发生了持久而深远的历史影响力，时至今日，我们依然受益其中（尤其是“重要战略机遇期”的提法其实就是在这个基础上生发出来的）。对世界形势和时代主题的判断是小平同志历史思维的第一条。

其次，准确判断了发展阶段。

如果说对世界形势的判断体现了我们对外部空间环境的分析，那么，对中国所处的发展方位和阶段的判断则体现了我们对中国发展的内在基础的明确定位。这也是小平同志历史思维的有力体现。

邓小平同志对中国的国情非常了解，他非常担心我们做出一些脱离国情的举动，这是因为，在这个问题上，我们吃过大亏。所以，从 1978 年调整党的工作重心开始，邓小平同志一方面在鼓励解放思想，打破僵化，防止自缚手脚，鼓励大胆地闯，大胆地试；但是另一方面，他也在强调必须坚持四项基本原则，要防止贫富分化，保持社会稳定和反对腐败，防止改革走上邪路、歪路。所有这些其实都是基于“社会主义初级阶段”这个最大的国情的战略认识。

1987年8月29日，在会见意大利共产党领导人时，邓小平首次重点阐明了“社会主义初级阶段理论”。他说，“社会主义本身是共产主义的初级阶段，而我们中国又处在社会主义的初级阶段，就是不发达阶段。一切都要从这个实际出发，根据这个实际来制定规划。”❶之后，根据这次讲话精神，在同年10月出炉的十三大报告中，党中央明确作出了“社会主义初级阶段”的战略判断。十三大报告指出，正确认识我国社会现在所处的历史阶段，是建设有中国特色的社会主义的首要问题，是我们制定和执行正确的路线和政策的根本依据。我国正处在社会主义的初级阶段。它表明：第一，我国社会已经是社会主义社会。我们必须坚持而不能离开社会主义。第二，我国的社会主义社会还处在初级阶段。我们必须从这个实际出发，而不能超越这个阶段。这一点在2012年11月召开的中国共产党第十八次全国代表大会中依然被肯定和坚持。

再次，明确提出了发展手段。

邓小平是一个原则性和灵活性都很强的政治家。他曾经指出，对于十一届三中全会以来的党的路线、方针和政策，概括起来就两条，一条是坚持四项基本原则，另一条是实现现代化。这两条结合起来就叫“社会主义的现代化”，其中，社会主义是政治定语，现代化是经济内容。在坚持社会主义这一基本原则的前提下，他充分鼓励发展经济，实现“三步走”的战略目标。所以，邓小平时代还有一个重大的历史贡献，那就是突破了对“姓社姓资”问题的僵化理解。

早在改革之初，他就指出，“资本主义要比封建主义优越。有些东西并不能说是资本主义的。比如说，技术问题是科学，生产管理是科学，在任何社会，对任何国家都是有用的。我们学习先进的技术、先进的科学、先进的管理来为社会主义服务，而这些东西本身并没有阶级性。”❷ 1985年，在会见美国企业家代表团时，他明确说道：“社会

❶《邓小平文选》第2卷，人民出版社1994年版，第252页。

❷《邓小平文选》第2卷，人民出版社1994年版，第132页。

主义和市场经济之间不存在根本矛盾。问题是用什么方法才能更有力地发展社会生产力。我们过去一直搞计划经济，但多年的实践证明，在某种意义上说，只搞计划经济会束缚生产力的发展。把计划经济和市场经济结合起来，就更能解放生产力，加速经济发展。”❶“社会主义的优越性最终要体现在生产力能够更好地发展上。多年的经验表明，要发展生产力，靠过去的经济体制不能解决问题。所以，我们吸收资本主义中一些有用的方法来发展生产力。现在看得很清楚，实行对外开放政策，搞计划经济和市场经济相结合，进行一系列的体制改革，这个路子是对的。这样做是否违反社会主义的原则呢？没有。”❷

最后，全力促成了开放格局。

现代化是一项艰巨的历史任务，要实现这项任务，我们不仅要和自己的过去比，而且要和发达的国家比，但是，对于西方发达国家，我们非常陌生，尤其是经过冷战思维和政治运动之后，我们已经大大落后于时代的发展步伐，所以，“如何以开放的心态认识世界，改变自我”是实现深化中国改革的紧迫课题。

正是源于上述认识，从恢复整顿开始，小平同志就明确指出，“要实现现代化，就要善于学习，大量取得国际上的帮助。要引进国际上的先进技术、先进装备，作为我们发展的起点。”❸ 1983 年 7 月，他又重申，搞现代化，我们既缺少经验，又缺少知识，我们要利用外国智力来发展中国经济，这是一个战略问题。基于这种认识，我们逐步加大了全面开放和交流的步伐。从兴办深圳经济特区，开放十四个沿海城市，到内陆城市的相继开放，再到后来加入世界贸易组织，中国的开放式发展战略最终赢得了世界各国的认可和支持，我们的发展成就也赢得了国际和国内的认可。可以设想，如果没有改革开放的宏大战略的制定和实施，中国的现代化目标不可能得到实质性的推进，也正

---

❶ 《邓小平文选》第 3 卷，人民出版社 1993 年版，第 148—149 页。

❷ 《邓小平文选》第 3 卷，人民出版社 1993 年版，第 149 页。

❸ 《邓小平文选》第 2 卷，人民出版社 1994 年版，第 133 页。

是因此，我们才认为从 1978 年开始的改革，标志着中国历史进入了改革开放的新时代。

带着深重的历史感，习近平强调指出，“历史在人民的探索和奋斗中造就了中国共产党，中国共产党领导人民又造就了新的历史辉煌。九十年来，我们党仅仅依靠人民完成了新民主主义革命，实现了民族独立和人民解放；完成了社会主义革命，确立了社会主义根本制度并取得了社会主义建设的巨大成就；进行了改革开放新的伟大革命，完善和发展了中国特色社会主义。这三件大事，从根本上改变了中国人民和中华民族的前途命运，不可逆转地结束了近代以后中国内忧外患、积贫积弱的悲惨境遇，不可逆转地开启了当代中国沿着社会主义道路走向现代化、走向伟大复兴的历史进军。我们要牢牢把握党的历史发展的主题和主线、主流和本质，从党的光辉历程和伟大业绩中获得继往开来的强大动力，始终坚定中国特色社会主义信念和共产主义远大理想，永葆共产党人的政治本色。”❶ 中国共产党人有重视历史智慧、汲取历史经验、推动历史发展的光荣传统，在这一传统的背后，体现的是中国共产党人对共产党执政规律、社会主义建设规律和人类社会发展规律的自觉探索和不懈追求。在实现中华民族伟大复兴的中国梦的新的征程中，我们依然需要继续接受历史智慧的滋养，既要把握历史发展的方位，也要开拓历史前进的方向，这是创新和发展中国特色社会主义事业的必然要求。

---

❶ 习近平：“领导干部要读点历史”，《学习时报》2011 年 9 月 5 日。

第四章　历史思维与中国的理论逻辑[1]

在实现民族复兴的伟大征程中，中国社会的历史逻辑、中国民众的实践逻辑与马克思主义中国化的理论逻辑形成了总体性的对应关系。历史逻辑表现为重塑上层建筑、强大经济基础、实现全面发展；实践逻辑表现为摆脱弱、告别穷、走向强；理论逻辑表现为马克思主义中国化三大理论成果，即毛泽东思想、中国特色社会主义理论体系和习近平新时代中国特色社会主义思想。更进一步看，这三大理论成果都浸透和表征着鲜明的历史思维，它们因此也构成了我们理解近现代中国历史的一条连贯性线索。

一、政治革命与毛泽东思想

民族复兴首先是作为生命机体的民族站立，这是由晚清社会开始的中华民族被动挨打的历史处境所决定的。面对这种处境，中华民族的先进分子自始就意识到了革命斗争的重要性，可是，无论是早期的三元里人民抗英斗争，还是太平天国的农民起义，无论是孙中山领导的辛亥革命，还是五四新文化运动，所有这些社会抗争既缺乏科学的理论指导，也缺乏有效的阶级动员，它们更多是一种社会学意义上的“刺激—反应”模式的自然表征，或者说，这种抗争并未实质地撼动传统的专制主义体制从而为工商文明的发展腾出空间，因而，在弱化道德评价和文化冲突的意义上，我们应该看到，中华民族在近代的不幸遭遇其实与上层建筑层面的封闭直接相关。在此意义上，在中国共产

[1] 此章参见焦佩锋：《民族复兴的哲学基础》，《哲学研究》2018 年第 7 期。

党自觉扛起民族复兴使命之前的其他类型的对外抗争也具有同样的性质和结果。

毛泽东曾以风趣的口吻说："没有天生下来就是共产党人的。一个人初生下来并没有什么任务，母亲生儿子并不是要他当军人，当将军，这是社会历史条件造成的。"❶ 中国共产党诞生于中华民族的罹难之际，这种处境决定了其任务首先是政治革命和军事斗争，所以，所谓的"站起来"首先是政治上赢得独立，进而通过这种政治独立彻底涤荡旧式的上层建筑及其军事武装。基于此，我们急需要一种科学理论去解析当时中国社会的阶级分化状况、武装割据状况和政治革命道路，这便是我们所谓的"马列主义传入中国使中国革命的面貌变得焕然一新"的宏大背景。更为根本的是，马克思主义社会矛盾分析方法为中国共产党人提供了一套解析民族现实遭遇、解决民族存亡危机的理论框架，特别是在分析中国社会的生产状况、阶级构成和革命目的方面，马克思的理论要比任何理论都来得优越。当然，我们对马克思主义的信仰也不是天生就有，而是经过了长期革命战争的历练和反复的理论比对之后才逐渐巩固的，因此，直到1948年，毛泽东同志才明确指出，中国"民主革命的任务，就是要改变旧的社会经济形态、旧的生产关系以及竖立在其上面的一切社会的、政治的、精神的旧的建筑物，建立新的社会经济形态、新的生产关系以及竖立在其上面的一切社会的、政治的、精神的新的建筑物。"❷ 毛泽东的这段话明显受马克思的社会基本矛盾理论的影响。由是观之，新民主主义革命的确完成了对中国社会上层建筑的重塑，从而使中华民族在思想气质和政治格局上实现了真正的站立。

1. 思想领域：以马克思主义为精神指引

从传播学的视角看，以李大钊等人为代表，上世纪20年代马克思主义在中国的传播主要侧重于历史唯物主义。从30年代开始，这种理

❶ 《毛泽东文集》第6卷，人民出版社1999年版，第359页。

❷ 《毛泽东文集》第5卷，人民出版社1996年版，第58页。

论侧重主要是辩证唯物主义，其开创者是李达。在此基础上，毛泽东实现了历史唯物主义和辩证唯物主义的集大成以及马克思主义中国化的第一次理论飞跃，正是因此，毛泽东思想才产生了巨大的时代效应，它不仅广泛传播了马克思主义立场、原理和方法，而且有效地动员、组织和武装了当时中国社会的诸多革命力量，它意味着，马克思主义在中国已经被做实，它在改变中国共产党人思维方式和行动方式的同时也为中国革命的展开并最终取得胜利提供了有效的精神指引。

毛泽东的马克思主义观主要集中在理论和实践应用两个层面。在理论层面，毛泽东是个忠诚的马克思主义理论家，这充分体现在他对实事求是精神的强调、对辩证思维的重视和对群众史观的推崇；在实践层面，毛泽东是个卓越的马克思主义革命家，这充分体现在他对中国社会性质的定位，对中国社会阶级状况的研判和对群众路线的重视。这种知行合一的精神不仅对于马克思主义在中国大地的落地生根起到了巨大的历史推动作用，而且让中国人的文化理解和信仰体系得到了更新。易言之，用马克思主义思想理论重塑中国人的精神世界，毛泽东比同时代的任何人都做得到位，来得彻底，此可谓中国革命成功的精神条件。在此条件下，处于被动挨打境地的中国民众在心理和精神层面告别了一种压抑已久的自卑感和自我否定意识，从而为积极主动地进行革命斗争提供了思想基础。

2. 政治领域：建立了人民代表大会制度

“为了谁”的问题始终是政治生活的第一命题，这个问题明确了，“我是谁”的问题才能得到清楚的回答。当然，如果只停留在这个层面，我们还难以跳出一般的人性论讨论，只有以此问题为突破口，特别是将人置于身处其中的经济关系中进行讨论时，我们才能领会到马克思主义人学的存在论意义。更进一步说，只有将马克思主义人学作为政治生活的第一原则并进行相应的制度设计和政治实践时，以人民利益为根本指向的人民代表大会制度的政治效应才能得到彰显。

毛泽东先后指出："共产党的路线，就是人民的路线。"❶"有无群众观点是我们同国民党的根本区别，群众观点是共产党员革命的出发点与归宿。"❷"我们的方向就是人民的方向，这是载于宪法的。"❸长期严酷的革命环境使毛泽东发现，人民的战争、人民的政党和人民的军队是有机统一的关系，因而，群众路线就是共产党人的生命线，这是对马克思主义阶级立场的明确继承，这种继承效应直接巩固在人民代表大会制度之中。这一制度的实质就是民主集中制，基于这一根本的政治制度设计和科学的制度自信，毛泽东才自信从容地回应了黄炎培先生所发出的历史周期律之问，也正是因此，中国共产人才破解了清人李鸿章所谓的"三千年未有之变局"。我们已经看到，从建国至今，中国的人民代表大会制度不仅能够有效代表亿万中华儿女的发展意志，而且也能凝聚起亿万民众的磅礴之力，从而为中国道路的开掘和深化提供源源不断的动力，这说明，人民代表大会制度完全符合中国国情，它在根本上确保了中国政治价值的合理性和中国政治建设的有效性，它在改变旧式中国的皇权专制主义传统的同时，也为中国特色社会主义民主政治的发展奠基了坚实的政治上层建筑基础。

3. 经济领域：以社会主义公有制为主导原则

对私有制的批判是马克思主义政治经济学批判的核心指向。马克思的突出贡献在于辨明了私有制运行的内在机理和历史趋势，但是，如何从制度层面去真正扬弃私有制则需要后来者的不懈努力。历史可见，社会主义制度最先在俄国呱呱坠地，在社会主义的革命和建设问题上，列宁的努力值得肯定，但是，由于后来的苏共领导人并未有效地继承列宁的政治遗产，反而对列宁的社会主义实践进行了否定，从而使前苏联的社会主义制度走向了僵化，这为中国继续探索社会主义制度的有效实现形式提供了政治镜鉴。

---

❶《毛泽东文集》第2卷，人民出版社1993年版，第409页。

❷《毛泽东文集》第3卷，人民出版社1996年版，第71页。

❸《毛泽东文集》第6卷，人民出版社1999年版，第358页。

在社会主义原则下，人民当家作主的政治制度和集体主义经济制度具有一致性。历史地来看，在经济层面，前苏联并未实现国家的经济实力和民众收入水平的同步提升，公有制在前苏联历史地存在某种活力不够和弹性不足的局限。与之相应，在对农业、手工业和资本主义工商业的生产资料私有制相继进行社会主义改造之后，中国也力求建立和实现一种与前苏联相类似的社会主义公有制。应该说，在制度变革的意义上，我们和前苏联做得都没错，我们共同的问题在于没有协调处理好根本的经济制度和具体的实现形式之间的辩证关系，这种单纯而又教条的制度自信使我们在社会主义建设过程中走了弯路，以至于我们在当时的历史条件下只能简单地以经济的公有化程度作为处理政治问题的唯一标准，这也是我们在姓“社”姓“资”的问题上始终迈不开脚步的根本原因。改革开放之后，尤其是在社会主义市场经济体制建立之后，我们发现，社会主义根本制度和具体制度是本质和表象的关系。没有公有制，中国民众在经济上很难实现当家作主，没有市场经济，中国的公有制就不完善。现实的人的需求的基础性和多样性决定了社会主义经济制度必须兼顾原则性和灵活性，以公有制为主导的根本原则不能否定，但是这一原则必须同时兼顾人的发展规律和经济发展规律，所以，只有在中国，社会主义公有制才赢得了新的发展空间。

4. 军事领域：以人民军队为根本宗旨

人民性是中国革命的鲜明特征，人民的子弟兵为人民打仗具有理论和现实的合理性。在此，理论性主要源于马克思主义创始人对共产党人阶级立场和革命宗旨的强调，现实性主要源于当时中国社会诸多军事武装力量的“半人民性”或“去人民性”。所以，在中国革命的早期，毛泽东就认识到，要带领人民推翻“三座大山”，结束中国半殖民地半封建的社会状态，必须在广泛发动和组织工农群众的基础上建立一支属于人民的军队，以求军事上保障亿万民众的生存安全。

我们看到，在这一问题上，毛泽东的态度是清醒的，观点是明确的。早在湘赣边创立根据地之时，他就意识到了不做军事运动专做农民运动的局限性，第一次国内革命战争的失败更是让他看到了创建工农武装，进行军事割据的必要性。在此基础上，“八七会议”对陈独秀右倾投降主义的批判以及这次会议所确定的实行土地革命和武装反抗国民党反动派屠杀政策的总路线，实际上代表了我们党在军事上的真正觉醒，也正是在这次会议上，毛泽东提出了“枪杆子里面出政权”的著名论断。这为我们坚定不移地创建人民军队，独立自主地开展武装斗争并最终夺取中国革命的胜利奠定了坚实的军事基础。实践证明，毛泽东的这一思想既确保了党对军队的绝对领导，也确保了军队自身的团结统一；既确保了人民军队的政治本色，也为中国革命从胜利走向胜利提供可靠的军事保障。直到今天，这种革命时期确立起的管军治军传统依然需要坚持，它也因此成为我们党进行军队建设和军事斗争的重要经验。

历史证明，以毛泽东为代表的第一代中国共产党人光荣完成了让中华民族站起来的艰巨使命。大致而言，这种站立主要体现在精神气质、政治制度、经济体制和军事保障四大方面。由此可见，中国共产党在团结和带领中华民族通过战争的方式告别屈辱的同时，也实现了中国社会的文化变革和制度创新，这既是对中国政治上层建筑和思想上层建筑的重塑，也为实现民族复兴奠定了基本的政治基础。

二、经济建设与中国特色社会主义理论体系

在经历“文革”的全面内乱之后，以邓小平为代表的中国共产党人依然坚信：科学社会主义基本原理并没有错，错就错在我们经验不足、方法不够和定力不强。所以，在历史的转折中，邓小平起到了这样的作用：一是使“政治的中国”转向“经济的中国”；二是使“温饱”的中国走向“小康”的中国；三是使“封闭”的中国走向“开放”的中国。实际上，这三件事情的实质都是经济问题，这恰恰是毛泽东当年想做而没有做好的事情，因此，以经济建设为中心、以改革思维为红线、以开放意识为引领、以邓小平理论为开端的整个中国特

色社会主义理论体系的实质就是壮大中国经济，此可谓民族复兴的经济基础。

1. 确定了“一个中心＋两个基本点”的基本路线

1963年，毛泽东指出，“如果不在今后几十年内，争取彻底改变我国经济和技术远远落后于帝国主义国家的状态，挨打是不可避免的。”❶同年12月，他在听取科技工作规划时又指出，“科学技术这一仗，一定要打，而且必须打好。过去我们打的是上层建筑的仗，是建立人民政权、人民军队。建立这些上层建筑什么呢？就是要搞生产。搞上层建筑、搞生产关系的目的就是解放生产力。现在生产关系是改变了，就要提高生产力。不搞科学技术，生产力无法提高。”❷ 1964年，毛泽东再次强调，“我们必须打破常规，尽量采用先进技术，在一个不太长的历史时期内，把我国建设成为一个社会主义的现代化强国。”❸ 可见，经济工作就是毛泽东想做而没有做好的事情。所以，在1978年，邓小平指出，“什么叫高举毛泽东思想的旗帜呢？就是从现在的实际出发，充分利用各种有利条件，实现毛泽东同志提出、周恩来同志宣布的四个现代化的目标。”❹ 在改革开放的新时期，坚持“四个现代化”就是坚持马克思主义。他说：“在中国的现实条件下，搞好社会主义的四个现代化，就是坚持马克思主义，就是高举毛泽东思想伟大旗帜。你不抓住四个现代化，不从这个实际出发，就是脱离马克思主义，就是空谈马克思主义。”❺

基于对国际的和平发展趋势和国内僵化落后环境的双重判断，邓小平深信，毛泽东对社会主义基本矛盾的定性并没有错，问题在于我

---

❶ 中共中央党校教务部编：《毛泽东著作选编》，中共中央党校出版社2002年版，第468页。

❷ 中共中央党校教务部编：《毛泽东著作选编》，中共中央党校出版社2002年版，第466页。

❸ 中共中央党校教务部编：《毛泽东著作选编》，中共中央党校出版社2002年版，第469页。

❹ 《邓小平文选》第2卷，人民出版社1994年版，第128页。

❺ 《邓小平文选》第2卷，人民出版社1994年版，第162—163页。

们单凭政治手段来调整生产关系的做法不合时宜，因此，我们必须在全面否定“文革”的基础上尽快进行经济建设，学会用经济的方式发展经济。当然，邓小平既反对单纯的经济决定论，也反对资产阶级自由化，所以，在他的推动下，我们才确立了“一个中心 + 两个基本点”的基本路线，这充分体现了邓小平对历史和现实的统筹把握。我们甚至可以说，社会主义市场经济体制的确立和改革开放伟大成就的取得，从根本上都得益于基本路线的指引，这是巩固“站起来”，转向“富起来”，走向“强起来”的路线保证。

2. 提出了“三步走”的战略步骤

1956 年，党的八大就确定了分“两步走”实现现代化的构想：第一步，用 15 年初步实现工业化，建成完整的工业体系；第二步，用 50—100 年赶上发达资本主义国家，建成工业化国家。然而，“文革”使这一构想归于流产。1987 年，邓小平提出了“三步走”实现现代化的战略构想：第一步，到 1990 年，国民生产总值比 1980 年翻一番，解决温饱问题。第二步，到 2000 年，国民生产总值再翻一番，人民生活达到小康水平。第三步，到 2050 年，人均国民生产总值达到中等发达国家水平，人民生活比较富裕，基本实现现代化。可见，在实现现代化的问题上，毛泽东侧重于建立独立完整的工业化体系，而邓小平侧重于提升经济总量和改善民生，但是，二者的前提和实质都是经济建设，基于此，十五大所提出的“新三步走战略”和十九大所提出的“两步走战略”其实是对邓小平“三步走战略”的深化和细化，这体现了新时期中国共产党人对于中国现代化发展战略的一脉相承。

步入新时期以来，中国所追求的现代化包含着经济的现代化和人的现代化两大维度，所以，与“三步走”实现现代化的战略步骤相协调，邓小平在“南方谈话”中提出了“先富—后富—共富”的民生战略设想，这体现了新时期中国的经济发展战略和民生发展战略的同步性。我们认为，这一设想既体现了其对国际共产主义运动中那种不顾民生而只顾经济建设和政治运动的纠正，也体现了其对资本主义社会贫富两极分化的纠正。在此背景下，邓小平同志以美元作为衡量生活水平改善和实现共同富裕的标准，这更体现了其向国际看齐并接受世界监督的宽广视野和发展自信，所以，共同富裕最能体现社会主义的本质和社会主义制度的优越性。在此问题上，过去我们犯了急于求成的错误，而现在，我们将通过三大战略步骤实现共同富裕，以期走出历史的迷雾。

3. 构建了“公有制 + 多种所有制经济”共同发展的经济体制

在1978年底召开的在中央工作会议上，邓小平强调，实事求是的思想路线要与政治民主和经济民主结合起来，在此，政治民主主要体现在恢复民主集中制，经济民主主要体现在改革经济管理体制，尤其是赋予地方、企业和生产队更多的自主权以及重视个人物质利益上。所以，“用经济方法管理经济”就成了“一个中心”的自然延伸和现实要求，因为“离开了这个主要的内容，政治就变成空头政治，就离开了党和人民的最大利益”[1]。基于这种认识，十二届三中全会很快就提出了“社会主义经济是公有制基础上的有计划的商品经济”的新表述，十三大特地将“经济体制改革”作为突出问题来阐述，提出了“在公有制为主体的前提下继续发展多种所有制经济”的体制改革要求。此后，经过不断探索，实现公有制经济和非公有制经济共同发展的社会主义市场经济体制才不断成形，它意味着我们已经从体制上走出了姓“社”姓“资”的困扰，从而为市场经济在中国的发展提供了实践空间。

马克思和恩格斯指出：“共产主义……是以生产力的普遍发展和与此相联系的世界交往为前提的。”[2]“建立共产主义实质上具有经济的性质。”[3] 可见，进行阶级斗争符合马克思主义，进行经济建设也符合马克思主义，问题的关键就在于具体的社会条件。邓小平意识到，生

---

[1] 《邓小平文选》第2卷，人民出版社1994年版，第150页。
[2] 《马克思恩格斯文集》第1卷，人民出版社2009年版，第539页。
[3] 《马克思恩格斯文集》第1卷，人民出版社2009年版，第574页。

产力是社会发展的根本动力，“革命是解放生产力，改革也是解放生产力。”❶ 从唯物史观出发，我们认为，中国的政治革命与经济改革各有其历史的合理性。在结束政治斗争转向经济建设的历史转折中，毛泽东已经做出了初步探索，问题就在于并未将这件事情坚持到底，所以，从历史的逻辑出发，邓小平必然要扛起这一责任，进而为中国社会生产力的发展开辟道路。实践证明，在其主导下构建的公有制和多种所有制经济共同发展的经济体制符合新时期中国发展的现实要求，这一体制突破了传统的社会主义发展模式，体现了社会主义和市场经济的合作性，是一项重大的制度创举。

4. 构建了“按劳分配+其他分配方式”并存的分配机制

经济发展方式的非单一性意味着收入分配方式的非单一性，这是激发经济活力，保持经济可持续发展的规律性要求。正是因此，党的十三大同时进行了收入分配制度改革。这次会议提出，社会主义初级阶段的分配方式是以按劳分配为主体，其他分配方式为补充，“我们的分配政策，既要有利于善于经营的企业和诚实劳动的个人先富起来，合理拉开收入差距，又要防止贫富悬殊，坚持共同富裕的方向，在促进效率提高的前提下体现社会公平。”❷ 正是以此为指引，此后将近40年的中国在保持经济腾飞的同时特别注重了中国民众收入的增加和生活水平的改善，这体现了分配制度改革的积极效应。

在马克思看来，生产决定分配，分配也决定生产。原因是，人是经济活动的主体，如果生产主体和分配主体不对等，那么，劳动者就会降低甚至丧失生产的积极性。在社会主义建设之初，高度公有化和单一化的经济体制决定了我们在分配层面必然过于侧重社会公平，从而导致了一种脱离经济规律的就公平论公平的形式化的公平，这种分配形式表面上公平实质上不公平，它最终伤害的必然是劳动者的积极

❶ 《邓小平文选》第3卷，人民出版社1993年版，第370页。

❷ 杨春贵主编：《中国特色社会主义理论体系原著选编》，中共中央党校出版社2013年版，第126页。

性，破坏的是生产的连续性，尤其是当这种分配形式与高度集中的计划经济体制相结合时，社会产品的单一化和社会就业的分配化就变得顺理成章，这也是后来的人民公社模式难以为继的经济学根源。因此，生产经营体制的改革必须与收入分配制度的改革相匹配，反过来说，社会主义市场经济体制其实符合经济规律，它既能有效地整合生产要素，丰富生产经营体制，也能释放人的潜能和活力，而与之相应的按劳分配和其他分配方式并存的分配机制其实也与这一体制构成了本质呼应的关系，从而确保了中国经济40年的高速发展。

5. 构建了“两个大局”协调发展的战略格局

历史一再证明，开放导致发展，封闭导致落后。实际上，这也符合唯物史观基本原理。这是因为，人的社会性和生产的社会性具有一致性，所以，随着生产的扩大，历史必然由地域历史走向世界历史，这也是现代性得以展开的历史哲学根据。反过来说，作为社会历史活动的主体，人的杰出作用只在于知会这种历史发展的大逻辑，并以此进行政治经济层面的政策调整和制度创新。

邓小平是一个科学的马克思主义者，他在社会主义改革时期对传统社会主义发展模式的调整与毛泽东在革命战争环境中对马克思主义阶级分析方法和阶级斗争理论的活学活用具有历史的相似性。这是因为，中国的革命具有世界性，我们革命的对象不仅包括内部的地主阶级，还包括外来的帝国主义，以及夹杂其中的官僚资本阶级和小资产阶级。与之相应，中国进行社会主义建设和改革的世界性主要是，我们既要和传统的马克思主义的代表（共产国际）进行政治联合，也要引进先进的资本主义国家的技术设备和管理经验，在此问题上，列宁晚年所实行的“新经济政策”其实已经给我们提供了有效的改革经验，所以，无论是站起来还是富起来，中国共产党都需要与现代文明打交道。在毛泽东时期，我们主要侧重于斗争性，在邓小平之后，我们主要侧重于合作性，这种历史的时空对比让我们看到了马克思基于资料逻辑而展开的世界历史思想的宏伟意义。实际上，早在1978年，邓小平就强调向外国学习先进的管理方法的必要性。1979 年，在与工商界领导人的谈话中，他进一步指出，我们要敢于利用外国的资金和技术。之后，在整体外交格局得到拓展的基础上，我们将经济发展的主战场首先选在了特区，目的是为了在局部先进行对外开放，有效利用外资。1988 年，小平同志首次提出了沿海与内地“两个大局”协调发展的设想，这对于解决中国区域发展的不平衡问题作出了开创性贡献。

从经济基础的角度分析，共产党人的使命就是消灭私有制，实现公有制。马克思更多论证的是这一制度的理论合法性，列宁、斯大林和毛泽东更多探索的是这一制度的实践可能性，但是，受历史条件的限制，所有这些努力都未在制度层面取得实质性的突破和创新，原因在于，他们都是基于一种对立性或替代性思维来处理两种制度的关系。在此过程中，邓小平看到了僵化的社会主义模式的严重弊端，所以，在其推动下构建起的“社会主义市场经济体制”其实就是对这种模式的有效纠正，这种纠正能够同时发挥两种制度的优势，从而在保证经济效率的同时也促进了社会公平。实践证明，中国的改革开放既快速积累了社会财富，也推动了社会的全面进步，从而为实现民族复兴奠定了厚实的物质基础。

三、全面发展与习近平新时代中国特色社会主义思想

中国特色社会主义进入新时代，意味着中华民族迎来了伟大复兴的光明前景。为了将这个前景做实，十九大专门作出了“两步走”全面建成社会主义现代化强国的战略安排，从而开启了社会主义现代化建设的新征程。与之相应，十九大还强调，习近平新时代中国特色社会主义思想是实现中华民族伟大复兴的行动指南，必须长期坚持并不断发展。可见，新时代的任务就是现代化，新时代的目标就是民族复兴，全面建成社会主义现代化强国之时，就是中华民族实现伟大复兴之日。

从发挥中国特色社会主义制度优势，建成社会主义现代化强国的总体方向看，习近平新时代中国特色社会主义思想的实质可以概括为“5 +1”，即“物质文明、政治文明、精神文明、社会文明、生态文

明”+“治理体系和治理能力的现代化”，这一框架既体现了由“站起来”到“富起来”的逻辑继承，也体现了由“富起来”到“强起来”的逻辑转换，其中，治理体系和治理能力的现代化更是确保了全面建成社会主义现代化强国的方向性、科学性和可操作性。

1. 以现代化的经济体系为引领，打造高质量的物质文明

经过40年发展，中国已经告别了“短缺经济”，但是，面对中国民众对美好生活的新要求和世界经济创新发展的大趋势，我们必须实现经济增长的高速度向经济发展的高质量转变。高速度增长更多依赖的是速度和规模，高质量发展更加注重的是质量和效益，前者的动能是资源，后者的动能是创新，前者的发展空间已日渐萎缩，后者的发展空间则非常广阔，所以，进入中国特色社会主义新时代首先意味着我们要看清新常态，尽快实现发展方式转变、经济结构优化和增长动力转化，同时，要按照提质增效的新要求，以五大发展理念为引领，以深化供给侧结构性改革为主线，以“三去一降一补”为抓手，加快建设创新型国家，完善社会主义市场经济体制。

在新时代，我们对物质文明的理解更加立体化。横向上，我们必须在保持经济中高速增长的同时满足社会成员基本的经济需求和公共服务；纵向上，我们必须注重中国经济的创新力和竞争力，在深化供给侧结构性改革的同时，加快建设创新型的经济体系。我们坚信，这种纵横结合的现代化经济体系必然能够进一步发挥市场在资源配置中的决定性作用，促进中国经济的提质增效，从而为实现更高质量、更有效率、更加公平和更可持续的发展奠定坚实的经济基础，从而提升我们物质文明的内涵和水平。

2. 以人民当家作主的制度体系为引领，发展社会主义民主政治

社会主义民主最根本的原则就是人民当家作主，人民代表大会制度便是落实这一原则的最根本的制度架构，但是，仅有这一根本制度还不够，人民民主的多层次性决定了社会主义民主制度必须朝着体系

化的方向发展，否则，就会出现“人民当家不作主”的问题，否则，权力的规范性和制度的约束力就很难实现。

在新时代，我们明确提出，要健全人民当家作主的制度体系，以求更好地发展社会主义民主政治。在此，发展社会主义民主政治主要包括体现人民的意志、保障人民的权益、激发人民的创造力。健全制度体系主要是实现党的领导、人民当家作主和依法治国的有机统一，更进一步说，社会主义民主政治的运行和发展要与党的领导和依法治国紧密衔接起来。在此，党的领导是根本保证，在新时代，我们要加强和改进党的领导方式和执政方式，以确保民意被广泛、真实、有效地吸收，依法治国是党领导人民治理国家的基本方式，无论是党内民主还是人民民主都需要在法治框架下进行。当然，在更为根本的意义上，我们必须完善和巩固人民代表大会制度，因为这是实现党的领导、人民当家作主和依法治国有机统一的根本政治制度安排，我们必须通过这一制度来确保人民的权利得到有效实现，与此同时，我们还必须发挥社会主义协商民主的重要作用，巩固和发展爱国统一战线，从而在更好地兼顾民主与法治的长处的前提下，为全面建成现代化的民主国家提供有效的治理经验。

3. 以文化自信为引领，发展中国特色社会主义文化

中国人特别注重社会发展的文化含量，五千多年的中华文明之所以没有中断，与中华民族这种持久而稳定的文化心理本质相关，所以，没有高度的文化自信和文化繁荣，就没有中华民族的伟大复兴。

我们认为，文化应该分两种，一种是外在的文化样态，一种是内在的文化生命。从1840年开始，在内外交困的情势下，中华民族一步一步跌进了苦难的深渊，在此情况下，很多国人实际上对优秀的传统文化失去了自信。实际上，经过新儒家的努力，我们也发现，以农耕文明为底色的中国传统文化确实也存在革命性不足以及现代性的根本局限，但是，在更为深入乃至本质的层面，在百年来激烈的社会变革和深重的生存危机面前，中华民族之所以没有被打散、打垮，主要与

千千万万的中华儿女对自身文化生命的认同和文化身份的恪守本质相关。正是因此，中华民族才相继创造出了具有血性气质的革命文化和具有时代特征的社会主义先进文化，这说明，中华文化有着顽强的生命力和持续的创造力，这种力量是重塑文化自信，实现民族复兴的心理基础。在新时代，中国共产党人完全有信心和能力担负起新的文化使命，在新的实践创造中进行文化创造，在历史进步中实现文化进步。

4. 以实现共同富裕为引领，加强和创新社会治理

中国共产党是全心全意为人民服务的使命型政党，“为人民谋幸福”是中国共产党人的初心。在革命年代，我们浴血奋战的目的就是为了让中国人站起来，在和平年代，我们发展经济的目的就是为了让中国人富起来，在新时代，我们则要实现中国社会全面发展和全体人民共同富裕的一体化推进，因此，一部党史就是一部中国共产党带领人民求生存和谋发展的奋斗史，带领人民创造美好生活，是我们党始终不渝的奋斗目标。

新时代，我们提出了以人民为中心的发展思想，这一思想与马克思主义的价值立场和中国共产党的立党宗旨一脉相承。但是，这一思想要落到实处，既需要继续保持更可持续的经济增长，也需要完善收入分配机制。就收入分配机制而言，当前中国社会最紧要的问题是缩小收入分配差距，基本的原则就是实现按劳分配与按生产要素分配相结合，宏观的思路就是扩大中等收入群体，增加低收入者收入，调节过高收入，取缔非法收入，主要的目的就是实现经济增长与居民收入的同步增长以及劳动生产率与劳动报酬的同步提高。为此，我们必须打造共建共治共享的社会治理格局，通过相应的制度建设提高社会治理的社会化、法治化、智能化和专业化水平。此外，还应推动实现社会治理重心下移，积极发挥社会组织的有益作用，实现政府治理和社会治理、居民自治的良性互动，在此过程中，要更加突出发展的公平性和普惠性，只有这样，民族复兴的主体才不致于缺位。

5. 以生态文明体制改革为引领，建设美丽中国

对环境的漠视甚至透支是资本主义生产方式的天生弊病，对此，

马克思和恩格斯都有明确的论述，而西方生态马克思主义所做的理论努力和生态社会主义运动所做的实践努力实际上是对马克思主义这一问题意识的推进和深化。很显然，在生态危机面前，人人平等，人类对大自然的伤害最终会伤及人自身，这是无法抗拒的自然规律。

作为一种比资本主义更高的社会制度和文明形态，社会主义理应不会出现生态危机，但是，实际的情况是，社会主义诞生在生产力比较落后的东方国家，所以，我们既要始终保持对社会主义理论和制度的自信，也要积极吸收资本主义生产方式的有益经验，以求丰富和发展社会主义事业。我们认为，若就社会主义和资本主义的关系而言，前者应该是“体”，后者应该是“用”。因而，在创新工业文明，走出现代性困境的问题上，社会主义应该能够释放出更大的发展活力，提供更多的治理方案，它能进一步化解资本主义天然存在的人和人、人和自然的矛盾，从而为克服资本主义的制度弊病提供有益的治理经验。在此意义上，新时代中国所提出的“人与自然生命共同体”理念，以及通过实现绿色发展，构建生态文明制度体系进而达到实现人与自然和谐共生的生态现代化的目标其实已经代表了社会主义事业发展的新高度，它必将为构建全球生态安全提供有益经验。

6. 以全面深化改革为统领，推进治理体系和治理能力的现代化

“深水区”和“攻坚期”的改革是孕生习近平新时代中国特色社会主义思想的时代背景。总体来看，这一思想的鲜明特征是全面的发展与治理。就其内含而言，发展主要指的是全面发展，治理主要指的是治理体系和治理能力的构建，治理体系侧重于制度建设，治理能力侧重于领导能力和执政能力建设；就其关系而言，发展包含着治理，治理推动着发展，二者是辩证统一关系。

新时代，发展指向的是物质文明、政治文明、精神文明、社会文明和生态文明这五大文明的全面发展和共同发展，它涵盖内政外交的各方面和全面建成现代化的各阶段。在现实性上，“各方面”对应的是

“五位一体”的总体布局，“各阶段”对应的是从2020年到2050年全面建成社会主义现代化强国的全过程。此外，“四个全面”的战略布局针对的是当前中国社会发展的四个主要矛盾，其中，全面建成小康社会是我们“第一个百年”的奋斗目标，现在我们已经处于决胜这一目标的关键时期；全面深化改革是决胜这一目标的有效抓手，通过改革，我们不仅要确保建成高质量的小康社会，而且要为全面依法治国和全面从严治党提供切实有效的改革创新经验，进而为顺利开启和建成社会主义现代化强国奠定方法论基础；全面依法治国是新时代管党治国的重要抓手，在依规治党和依法治国协调推进的基础上，坚持法治国家、法治政府和法治社会的一体化建设，构筑中国特色社会主义法治体系是推进治理体系和治理能力现代化的重要方面；全面从严治党是实现治理体系和治理能力现代化的领导力量，它贯穿于治国理政的各方面和各阶段，它总揽外在的治理体系的构建和内在的治理能力的提升的总格局和总过程，这是实现民族复兴的根本政治保证。

总体而言，中华民族在相继实现政治上站立，经济上富强和实现全面发展的过程体现了社会基本矛盾演化的基本原理，这一原理既能从外部解释资本文明的本质及其从地域历史走向世界历史的必然性，也能解释中华民族在实现自身复兴的过程中对于资本文明的不同理解。在此，前一方面是一种历史逻辑，后一方面是一种实践逻辑。在此双重逻辑的作用下，马克思主义中国化的三大理论成果代表了我们在不同社会条件下对资本逻辑的理解以及对自身命运与发展道路的把握，其中，毛泽东思想代表了我们与资本的扩张性和侵略性的对抗，中国特色社会主义理论体系代表了我们对资本的发展性和合作性的驾驭，习近平新时代中国特色社会主义思想代表了我们对资本文明的创新，当然，更为重要的是，在这三大理论逻辑的内部，内含的是中华民族为了实现复兴而作出的艰苦性和自主性努力。质言之，在百年来追求民族复兴的伟大征程中，马克思主义从未缺席，它是我们理解和推进中国道路的哲学基础。

第五章　新时代历史思维的基本内涵

中国特色社会主义事业进入新时代意味着中华民族迎来了实现伟大复兴的光明前景，应该看到，这一前景是一代代中国共产党人团结人民接力奋斗的结果，也是中国实现全面发展的新的历史起点，中国共产党只有紧紧抓住这一历史机遇，才能将百年的民族复兴之梦变成现实。我们注意到，自2012年以来，以习近平同志为核心的新一届党中央审时度势，高瞻远瞩，自觉接过了历史的接力棒，勇敢挑起了历史赋予的重大政治责任，开启了治国理政的一系列新实践，谋划了实现中国全面发展的新布局。实际上，习近平同志非常重视历史思维，他不仅非常重视党史国史的学习，而且善于从唯物史观的角度来分析和解决当代中国改革的深层次问题，因此，历史思维是习近平新时代中国特色社会主义思想的理论底色。

一、不忘前人的历史智慧

习近平指出，历史“是前人的‘百科全书’，即前人各种知识、经验和智慧的总汇。”[1] 所以，历史思维的首要任务是尊重历史，尊重前人。我们认为，在尊重前人的意义上，习近平同志的历史思维主要指向的是马克思的唯物史观、中华优秀传统文化、中国共产党的革命文化和步入改革开放新时期的社会主义先进文化这四方面的思想资源。当然，按照国别的不同，我们也可以从两方面进行阐述：

---

[1] 《习近平党校十九讲》（精装）（内部使用），中央党校出版社2015年版，第268页。

1. 唯物史观是理论基础

马克思列宁主义是我们立党立国的根本指导思想。但是，有的人认为，马克思主义过时了，没用了，有的人甚至将苏联解体与“马克思主义无用论”联系在一起进行解释。对于这类现象，习近平同志非常重视。他说：“在对待坚持以马克思主义为指导问题上，绝大部分同志认识是清醒的、态度是坚定的。同时，也有一些同志对马克思主义理解不深、理解不透，在运用马克思主义立场、观点、方法上功力不足、高水平成果不多，在建设以马克思主义为指导的学科体系、学术体系、话语体系上功力不足、高水平成果不多。社会上也存在一些模糊甚至错误的认识。有的认为马克思主义已经过时，中国现在搞的不是马克思主义；有的说马克思主义只是一种意识形态说教，没有学术上的学理性和系统性。实际工作中，在有的领域中马克思主义被边缘化、空泛化、标签化，在一些学科中‘失语’、教材中‘失踪’、论坛上‘失声’。这种状况必须引起我们高度重视。”[1]

怎么重视呢？那就是把马克思主义的立场、观点和方法说清楚，同时通过历史和现实来阐释马克思主义的正确性。如2010年3月1日，在中央党校春季学期开学典礼上，他就中国特色社会主义理论体系中贯穿的马克思主义立场、观点、方法进行了专门解读；2011 年5月13日，在中央党校春季学期第二批入学学员开学典礼上，他专门强调了学习马克思主义经典著作的理论和实践意义；2013年8月19日，在全国宣传思想工作会议上，他指出，经济建设是党的中心工作，意识形态工作是党的一项极端重要的工作，宣传思想工作就是要巩固马克思主义在意识形态领域的指导地位，巩固全党全国人民团结奋斗的共同思想基础；2016年5月17日，在哲学社会科学工作座谈会上，习近平专门指出，坚持以马克思主义为指导，是当代中国哲学社会科学区别于其他哲学社会科学的根本标志，必须旗帜鲜明加以坚持；2016 年7

[1] 习近平：《在哲学社会科学工作座谈会上的讲话》，新华网（链接：http：//www. xinhuanet. com//politics/2016－05/18/c_1118891128. htm），2016年5月18日。

月1日，在庆祝中国共产党成立95周年纪念大会上的讲话，其中“坚持马克思主义”“信仰共产主义”就是我们的两条初心，等等。当然，最值得一提的是，新一届中央政治局还就马克思主义进行了三次集体学习。第一次是2013年12月3日就历史唯物主义的基本原理和方法论进行了集体学习，第二次是2015年1月23日就辩证唯物主义基本原理和方法论进行了集体学习，第三次是2015年11月23日就马克思主义政治经济学基本原理和方法论进行了集体学习。这三次集体学习给人一个强烈的信号，那就是，马克思主义并没有过时，尤其是它的基本原理和方法论并未过时。我们不要做那种数典忘祖的事情，根据新的实际丰富和发展马克思主义是我们义不容辞的责任。

此外，习近平同志非常注重用马克思主义历史观来分析中国的问题，其理论重点如下。

（1）从中国的社会实际出发。一切从实际出发是马克思主义的基本观点。共产党人抓问题、搞研究、做决策从来都讲求实事求是，不尚空谈。纵观党史，凡是违背实事求是，忽视调查研究的时候，都是本本主义、教条主义、形式主义盛行的时候，因为在思维方式上是形而上学的，所以，我们在实际工作中必然要走弯路，栽跟头。

习近平同志深知马克思主义的这一理论立场的重要性，在中央政治局就历史唯物主义的基本原理和方法论进行学习的集体学习会上，他明确强调，推动全党学习历史唯物主义基本原理和方法论，目的是为了更好地认识国情，认识党和国家事业发展大势，认识历史发展的规律，以便能动地推进各项工作。尽管中国已经取得了举世瞩目的成就，但是，我国仍处于并将长期处于社会主义初级阶段的基本国情没有变，人民日益增长的物质文化需要同落后的社会生产之间的矛盾这一社会主要矛盾没有变，我国是世界最大发展中国家的国际地位没有变。这“三个没有变”是最大的实际，无论是整治四风，还是群众路线教育，无论是“三严三实”专题教育，还是“两学一做”，我们共同的目的都是为了让广大的党员干部认识国情、党情和世情，这是全部问题的出发点。

（2）矛盾分析法。矛盾是事物存在和发展的根源，没有矛盾就没有这个世界，但是，不能一提到矛盾就想到你死我活，批判斗争那一套。按照马克思主义，矛盾既有对立的一面，也有统一的一面，为何对立，如何统一？这完全取决于事物存在的内部和外部条件。所以，真正的共产党人不仅不回避矛盾，而且要分析和解决矛盾。当然，不是所有的矛盾我们都要重视，我们只重视事物与事物之间的主要矛盾和次要矛盾，以及事物内部的矛盾的主要方面和次要方面，并且，善于从主要矛盾和矛盾的主要方面入手来化解矛盾是共产党人在理论上的基本功。

习近平同志非常清楚，制约当代中国发展的矛盾有很多，但是归根结底，生产力和生产关系的矛盾运动同经济基础和上层建筑的矛盾运动是两类最大的矛盾，这两类矛盾共同决定了中国社会矛盾的基本面貌和发展方向。对于当前中国来说，生产力层面的转型和生产关系层面的调整要同步进行，有的问题是市场发育不足抑或市场运行失灵的问题，有的问题则是简政放权抑或“放管服”结合的问题，当然，在此之中，经济基础领域利益固化的问题和上层建筑领域体制机制不畅的问题更为突出，所有这些矛盾都是社会自身运行过程中的矛盾，不是针对某个具体的个人、部门和行业，我们提出进行全面深化改革，就是要适应我国社会基本矛盾运动的变化来推进社会发展。因此，正如习近平同志所言，“社会基本矛盾总是不断发展的，所以调整生产关系、完善上层建筑需要相应地不断进行下去。改革开放只有进行时、没有完成时，这是历史唯物主义态度。”[1]

（3）生产力标准论。在社会历史领域，马克思主义最强调生产标准。人的需要的“产生—满足—再产生”决定了要不断解放和发展生产力，人的需要是生产力发展的原动力。在历史上，凡是偏离或者违背生产力标准，只在生产关系或意识形态层面做文章，忽视对生产力的解放和发展，社会就会出现停滞、混乱或倒退。毛泽东因此指出：

---

[1] 习近平：“在中央政治局第 11 次集体学习时的讲话”，《人民日报》2013 年 12 月 5 日。

“中国一切政党的政策及其实践在中国人民中所表现的作用的好坏、大小，归根到底，看它对于中国人民的生产力的发展是否有帮助及其帮助之大小，看它是束缚生产力的，还是解放生产力的。”❶ 邓小平同志也说过：“搞社会主义，中心任务是发展社会生产力。”❷坚持生产力标准具有根本性、全局性、长远性意义。

中国仍然处于社会主义初级阶段，这个最大的特点是生产力发展程度不高，结构不合理，创新能力不强，尽管如此，我们依然要发展，只是用新的理念和方式来推进发展。习近平同志强调，“‘明者因时而变，知者随世而制。’谋划和推动“十三五”时期我国经济社会发展，就要把适应新常态、把握新常态、引领新常态作为贯穿发展全局和全过程的大逻辑。”❸

（4）人民史观 。在社会矛盾范畴之内，生产力是最革命的因素，而在生产力范畴之内，人是最活跃的因素。只有以大多数人的生存需要和利益诉求为主，我们才能凝聚起最大的共识，调动起最大的积极性，集聚起最大的力量，创造出最大的成就。在历史唯物主义理论看来，人的因素和物的因素具有有机统一性，重视经济意味着重视人的权利和利益，而且这里的人必须是大多数人，而不是少数人。

习近平同志非常重视人民史观。早在浙江任职期间，他就指出，“在唯物史观的经典表述中，马克思首次提出了历史活动是群众的事业，人民群众创造历史的著名观点。人民群众是历史主体的理论是人的全面发展理论的前提。根据这一理论，人既是经济社会发展的主体，同时也是经济社会发展的目的。”❹ 2012 年 11 月，习近平上台伊始，就在中外记者见面会上指出，人民对美好生活的向往，就是我们的奋斗目标，人民是历史的创造者，群众是真正的英雄。人民群众是我们

---

❶ 《毛泽东选集》第 3 卷，人民出版社 1991 年版，第 1079 页。

❷ 《邓小平文选》第 3 卷，人民出版社 1993 年版，第 130 页。

❸ 习近平：“在省部级主要领导干部学习贯彻党的十八届五中全会精神专题研讨班上的讲话”，《人民日报》2016 年 5 月 10 日。

❹ 习近平著：《干在实处 走在前列》，中共中央党校出版社 2006 年版，第 23—24 页。

力量的源泉。只要我们万众一心，众志成城，就没有克服不了的困难；每个人的工作时间是有限的，但全心全意为人民服务是无限的。责任重于泰山，事业任重道远。我们一定要始终与人民心心相印、与人民同甘共苦、与人民团结奋斗，夙夜在公，勤勉工作，努力向历史、向人民交一份合格的答卷。2013 年 12 月，在中央政治局历史唯物主义的专题学习会上，习近平特别强调，“要学习和掌握人民群众是历史创造者的观点，紧紧依靠人民推进改革。人民是历史的创造者。要坚持把实现好、维护好、发展好最广大人民根本利益作为推进改革的出发点和落脚点，让发展成果更多更公平惠及全体人民，唯有如此改革才能大有作为。”❶

综合可见，习近平同志是坚定的马克思主义者，其历史思维的形成与马克思历史唯物主义的理论指导密不可分。所以，在庆祝中国共产党成立 95 周年纪念大会上，习近平强调，“95 年来，中国共产党之所以能够完成近代以来各种政治力量不可能完成的艰巨任务，就在于始终把马克思主义这一科学理论作为自己的行动指南，并坚持在实践中不断丰富和发展马克思主义。这使我们党得以摆脱以往一切政治力量追求自身特殊利益的局限，以唯物辩证的科学精神、无私无畏的博大胸怀领导和推动中国革命、建设、改革，不断坚持真理、修正错误。无论是处于顺境还是逆境，我们党从未动摇对马克思主义的信仰。”❷质言之，马克思主义是我们的初心之一，必须结合新时代的中国实际加以坚持和发展。

2. 重视三方面文化资源

除了马克思主义的基本原理之外，我们不应忘记，马克思主义有一个中国化、时代化、大众化的过程，中国共产党是实现这一转化的实践主体。在此意义上，坚持马克思主义与吸收中华优秀传统文化，继承中国共产党的革命文化以及中国在改革开放过程中形成的社会主

❶ 习近平：“在中央政治局第 11 次集体学习时的讲话”，《人民日报》2013 年 12 月 5 日。

❷ 习近平著：《习近平谈治国理政》第二卷，外文出版社 2017 年版，第 33 页。

义先进文化并不矛盾，这是我们研究习近平的历史思维过程中得到的有益启示。

（1）中华优秀传统文化。中华民族有着悠久的历史文化，作为一个炎黄子孙，我们都为其骄傲和自豪。习近平曾经自豪地说，“站立在960万平方公里的广袤土地上，吸吮着中华民族漫长奋斗积累的文化养分，拥有13亿中国人民聚合的磅礴之力，我们走自己的路，具有无比广阔的舞台，具有无比深厚的历史底蕴，具有无比强大的前进定力，中国人民应该有这个信心，每一个中国人都应该有这个信心。……文化自信是更基本、更深沉、更持久的力量。历史和现实都表明，一个抛弃了或者背叛了自己历史文化的民族，不仅不可能发展起来，而且很可能上演一场历史悲剧。”[1] 可以说，文化是一个民族另一种存在方式，与可见的物质文明相比，它不容易形成，但是一旦形成也不容易摧毁，这一点在中华民族备受蹂躏，任人宰割的苦难岁月中有鲜明的体现。基于历史过程而孕生出的文化系统对于维系一个民族的认同和尊严具有坚不可摧的意义，所以，中国人最有理由提文化自信。

中华文化既包含让人精神振奋、勇于创造的精华因素，也有让人安于现状、不思进取的糟粕成分，所以，习近平同志强调，对于厚重的中华文明，我们既需要薪火相传、代代守护，也需要与时俱进、推陈出新，要推动中华文明创造性转化、创新性发展，激活其生命力，让中华文明同各国人民创造的多彩文明一道，为人类提供正确精神指引。

现在的世界是一个开放的世界，我们不排除对外来文化的引入和吸收，但是，习近平同志也要求，在解决中国问题，提出解决人类问题的中国方案的时候，我们要坚持中国人的世界观、方法论。如果不加分析地把国外学术思想和学术方法奉为圭臬，一切以此为准绳，那就没有独创性可言了。如果用国外的方法得出与国外同样的结论，那也就没有独创性可言了。要推出具有独创性的研究成果，就要从我国

---

[1] 习近平：“在哲学社会科学工作座谈会上的讲话”，《人民日报》2016年5月19日。

实际出发，坚持实践的观点、历史的观点、辩证的观点、发展的观点，在实践中认识真理、检验真理和发展真理。

（2）中国共产党的革命文化。1921 年 7 月，中国共产党成立，这个党所依据的理论武器是马列主义。马克思主义是一门关于广大人民群众安身立命的学问，马克思主义既包含社会批判、阶级斗争的内容，也包含理性分析、社会建设的内容。是革命还是改革，完全取决于社会基本矛盾的发展状况，如果认为马克思主义只知道阶级斗争，那是对马克思主义极为片面理解，这种马克思主义充其量是一种本本主义的马克思主义。问题是，马克思主义诞生在阶级斗争的年代，在马克思、恩格斯去世后的很多年，世界范围内的战争与革命依然此起彼伏。马克思主义传入中国的时候也是如此，问题是中国社会也需要通过革命来解决民族独立和政治独立的问题，历史证明，只有中国共产党做到了这一点，武装斗争便是其主要方式。我们也要看到，没有革命的中国就没有和平的中国，我们不欢迎革命，但是，革命的爆发和伤害非个人的主观意志所能左右，更关键的问题是，我们要看到革命的性质、目的和意义。革命固然有流血牺牲，但是也能锻炼人的品格，磨炼人的意志，凝聚人的精神，这是革命留给中华民族的宝贵精神财富。在今天，革命已经成为历史，对革命的记忆更多是通过文献、档案、史料、图片、音像、故事等方式来感知，更为根本的是，我们重温革命故事的目的是为了凝聚中国共产党人的血性气质，而这种血性气质的发掘和传承在根本上是为了规避战争，维护和平。

我们认为，习近平对中国共产党与中国人民在长期的战争环境中创造出的革命文化的认同是其历史思维的有力体现。早在 2002 年一到浙江上任，他就专程赴嘉兴瞻仰南湖红船，感悟革命传统；2005 年春节后的第一个工作日，习近平书记又率省委理论学习中心组成员赴南湖瞻仰红船，举行保持共产党员先进性教育活动专题学习会。之后，他又多次派人去嘉兴深入调研，指示要把“红船精神”认真加以提炼，形成理论成果。同年 6 月 21 日，他在《光明日报》发表题为《弘扬红船精神，走在时代前列》的署名文章，对“红船精神”的基本内涵、重大意义和现实要求谈了自己的认识。2017 年，党的十九大召开之后，习近平就携新一届中央政治局常委专赴上海中共一大会址纪念馆参观，并随后赴浙江的嘉兴南湖重温“红船精神”。此外，他对中国共产党在长期的革命环境中形成的革命精神都非常重视。根据其提及的时间顺序，我们大致梳理了一下，如延安精神（2009 年 11 月）、苏区精神（2011 年 11 月）、西柏坡精神（2013 年 7 月）、沂蒙精神（2013 年 11 月）、遵义会议精神（2015 年 6 月）、抗战精神（2015 年 9 月）、长征精神（2006 年、2016 年）、井冈山精神（2016 年 2 月），等等。当然，我们更愿意认为，习近平同志最根本的目的是希望全党同志要看到并传承这些精神背后的艰苦奋斗精神、无私奉献精神、集体主义精神和革命乐观主义精神，等等，它们应该成为共产党人的精神基因在新时代中国特色社会主义事业中发扬光大。

（3）社会主义先进文化。实现现代化是以毛泽东为代表的老一辈无产阶级革命家的根本夙愿。从某种意义上说，中国的革命其实就是工业文明对农耕文明的一种涤荡，这一点，马克思在其关于中国革命的诸多文章中都有论述。在共和国成立之后，我们很快就提出了向工业化和现代化进军的口号，并很快将这一口号落实为“实现四个现代化”的奋斗目标。很可惜，在现代化建设的问题上，我们走了一段弯路，因此，“文革”结束后，作为老一辈革命家群体的重要成员，邓小平同志重新明确了加快经济建设，实现四个现代化的发展目标，对内改革和对外开放便是实现这一目标的有效战略。时隔 40 年，这件事情的积极效应已经十分清楚，那就是，通过改革开放，通过中国特色社会主义发展道路，我们成功建立起了与世界的历史联系，在此格局中，我们看到了自身发展的现实落差，而这种落差反过来又倒逼我们必须坚定不移地推进改革开放，以实现中国社会更高质量和更加全面的发展。

实事求是地说，社会主义先进文化是在中国特色社会主义事业的开创和发展中形成的，也就是说，它是中国共产党步入改革开放这一新的历史时期的重要文化成就。社会主义先进文化以马克思主义为指导，以培育“四有公民”（有理想、有道德、有文化、有纪律）为目标，是融入了现代科学民主精神和借鉴了其他民族优秀文化的文化，是面向现代化、面向世界、面向未来的、民族的、科学的、大众的文化。时至今日，这种文化还在生成和孕育之中。

2013年8月19日，习近平在全国宣传思想工作会议上强调，党的十一届三中全会以来，我们党始终坚持以经济建设为中心，集中精力把经济建设搞上去、把人民生活搞上去。只要国内外大势没有发生根本变化，坚持以经济建设为中心就不能也不应该改变，这是解决当代中国一切问题的根本要求。同时，只有物质文明建设和精神文明建设都搞好，国家物质力量和精神力量都增强，全国各族人民物质生活和精神生活都改善，中国特色社会主义事业才能顺利向前推进。

长远来说，中国特色社会主义事业的发展也需要文化引领，无论是马克思主义的指导思想，还是中华优秀传统文化，最后都要汇聚到中国特色社会主义事业的发展大潮中来，在这个基础上，我们才能奠定厚实的文化自信，提升文化软实力，建成文化强国。所以，在代表十八届中央委员会所做的十九大报告中，习近平明确提出，中国共产党自成立之日起，既是中国先进文化的积极引领者和践行者，又是中华优秀传统文化的忠实传承者和弘扬者。当代中国共产党人和中国人民应该而且能够担负起新的文化使命，在实践创造中进行文化创造，在历史进步中实现文化进步！这无疑是从文化层面对历史思维的有力表达。

二、聚焦当下的历史阶段

“历史总是向前发展的，我们总结和吸取历史教训，目的是以史为鉴、更好前进。”[1] 我们认为，习近平同志之所以不断地强调历史思维，其根本目的是为了做好眼前的事情，而不是发思古之幽情。2014年10

---

[1] 习近平：“在纪念毛泽东同志诞辰120周年座谈会上的讲话”，《人民日报》2013年12月27日。

月 13 日下午，十八届中央政治局就我国历史上的国家治理经验进行第十八次集体学习，这次学习的主题就是“牢记历史经验历史教训历史警示，为国家治理能力现代化提供有益借鉴”。在这次学习会上，习近平同志强调，对古代的成功经验，我们要本着择其善者而从之、其不善者而去之的科学态度，牢记历史经验、牢记历史教训、牢记历史警示，为推进国家治理体系和治理能力现代化提供有益借鉴。

我们大致梳理了一下，在聚焦当下中国发展阶段及其相应问题的前提下，以习近平为代表的新时代的中国共产党人的历史思维主要表现在：

1. “三个没有变”的历史定位

做任何事情都有一个出发点的问题。今天的中国是不是强大了？是不是强大到没有问题、不用发展的地步？对此，有的人可能自信满满，态度铿锵；有的人可能自信不足，充满悲观；有的人则头脑冷静，客观理性。实际上，对于习近平同志来说，这个问题的意义尤其重大。

众所周知，在党的十八大报告的起草过程中，习近平同志担任起草组的组长。在这份备受国内外广泛关注的报告中，有一段话值得重视，即“我们必须清醒认识到，我国仍处于并将长期处于社会主义初级阶段的基本国情没有变，人民日益增长的物质文化需要同落后的社会生产之间的矛盾这一社会主要矛盾没有变，我国是世界最大发展中国家的国际地位没有变。在任何情况下都要牢牢把握社会主义初级阶段这个最大国情，推进任何方面的改革发展都要牢牢立足社会主义初级阶段这个最大实际。”[1] 可见，社会主义初级阶段是建设中国特色社会主义的总依据，而“三个没有变”便是对这个“总依据”的进一步阐释，“最大国情”和“最大实际”则是对这个“总依据”的重点强调。

紧随十八大的脚步，2012 年 11 月 17 日，习近平主持中央政治局

---

[1] 习近平：“坚定不移沿着中国特色社会主义道路前进 为全面建成小康社会而奋斗——在中国共产党第十八次全国代表大会上的报告”，人民出版社 2012 年版，第 16 页。

第一次集体学习，此次学习主题就是学习宣传贯彻党的十八大精神。在这次学习会上，他专门强调指出，我们不仅要在经济建设中始终立足初级阶段，而且在政治建设、文化建设、社会建设、生态文明建设中也要始终牢记初级阶段；不仅在经济总量低时要立足初级阶段，而且在经济总量提高后仍然要牢记初级阶段；不仅在谋划长远发展时要立足初级阶段，而且在日常工作中也要牢记初级阶段，同时，要坚决抵制抛弃社会主义的各种错误主张，自觉纠正超越阶段的错误观念和政策措施。只有这样，才能真正做到既不妄自菲薄，也不妄自尊大，扎扎实实夺取中国特色社会主义新胜利。

2016 年 1 月 18 日，在省部级主要领导干部学习贯彻党的十八届五中全会精神专题研讨班上，根据对中国经济发展进入新常态的战略判断，习近平同志系统提出了创新、协调、绿色、开放、共享“五大发展理念”，在阐述共享发展理念的过程中，他又一次指出，“我国正处于并将长期处于社会主义初级阶段，我们不能做超越阶段的事情，但也不是说在逐步实现共同富裕方面就无所作为，而是要根据现有条件把能做的事情尽量做起来，积小胜为大胜，不断朝着全体人民共同富裕的目标前进。”[1] 可见，习近平同志对中国社会的发展阶段有清醒的认识，而求真务实恰恰是他执政风格的鲜明特点。的确，中国发展是取得了一些成就，但是我们也存在很多的困难和问题。比如，发展不平衡、不协调、不可持续的问题，科技创新能力不强的问题，产业结构不合理的问题，生态环境污染的问题，一些党员理想信念动摇和一些基层党组织软弱涣散的问题，等等。我们也要看到，这些困难和问题在总体上与中国所处的“社会主义初级阶段”的联系在一起，承认这个阶段并不意味着我们灭自己锐气，长别人志气，而是意味着我们要脚踏实地分析和解决自己的问题，也即谋事要实，创业要实，做人要实，既反对盲目的跟风，也反对盲目的自信。

---

[1] 习近平：“在省部级主要领导干部学习贯彻党的十八届五中全会精神专题研讨班上的讲话”，《人民日报》2016 年 5 月 10 日。

实际上，“三个没有变”是对中国社会历史方位的一种总体判断，和过去相比，我们有总量和规模的提升，但是质量不高，效益低下也是不争的事实，所以，我们依然处在不发达的社会主义初级阶段，这是认识习近平历史思维的一个基本出发点。

2. 全面实现小康的历史责任

如上所述，在获得翻身解放，取得主权独立的基础上，实现经济发展水平的现代化是中国共产党人必须完成的历史责任，因为我们不仅要建设政治的中国，而且还要建设经济的中国。正如邓小平同志1979年在与日本首相大平正芳会谈时所说，“四个现代化这个目标是毛主席、周总理在世时确定的。所谓四个现代化，就是要改变中国贫穷落后的面貌，不但使人们生活水平逐步有所提高，也要使中国在国际事务中能够恢复符合自己情况的地位，对人类作出比较多一点的贡献。落后是要受人欺负的。”[1] 也正是在这次会谈中，小平同志提出了小康社会的概念。

在实现全面建设小康社会的问题上，新时期的中国共产党人有历史的连贯性。1987年，党的十三大提出了国民经济发展的“三步走战略”，即第一步（1981—1990），实现国民生产总值比1980年翻一番，解决温饱问题；第二步（1991—2000），国民生产总值比1980年翻两番，达到小康水平；第三步（2000—2050），国民生产总值达到中等发达国家水平，基本实现现代化。1997年，根据变化了的实际，党的十五大提出21世纪中国社会发展的“三步走”设想。即：第一个十年，全面建设小康；第二个十年，达到富裕小康水平；第三个十年，到2050年，基本实现现代化。可见，我们对小康概念的理解有一个逐步深入的过程。

2012年，党的十八大报告在“夺取中国特色社会主义新胜利”部分提出，到建党一百周年时（2020年），全面建成小康社会；到建国

---

[1] 《邓小平文选》第2卷，人民出版社1994年版，第237页。

一百周年时（2049年），建成社会主义现代化国家。在随后召开的中央政治局第一次集体学习会上，习近平专门对十八大关于小康社会的提法作了解释，他说，“我们党在不同历史时期，总是根据人民意愿和事业发展需要，提出富有感召力的奋斗目标，团结带领人民为此奋斗。党的十八大根据国内外形势新变化，顺应我国经济社会新发展和广大人民群众新期待，对全面建设小康社会目的进行了充实和完善，提出了更具明确政策导向、更加针对发展难题、更好顺应人民意愿的新要求。这些目标要求，与党的十六大提出的全面建设小康社会奋斗目标和党的十七大提出的实现全面建设小康社会奋斗目标新要求相衔接，也与中国特色社会主义事业总体布局相一致。”[1] 十分明显，这段话体现了强烈的历史责任感，在建设小康社会的道路上，中国共产党人前赴后继，一棒接着一棒干，体现了我们对伟大目标的历史自觉。

2017年，党的十九大召开，“决胜全面建成小康社会”作为十九大报告的重大主题，这是因为，按照中国共产党对中国社会发展阶段的把握，我们已经处于决胜全面建成小康社会的关键时期，因而，十九大报告明确指出，我们必须按照十六大、十七大、十八大提出的全面建成小康社会的各项要求，紧扣我国社会主要矛盾的变化，统筹推进经济建设、政治建设、文化建设、社会建设和生态文明建设，坚定实施科教兴国战略、人才强国战略、创新驱动发展战略、乡村振兴战略、区域协调发展战略、可持续发展战略和军民融合发展战略，突出抓重点、补短板、强弱项，特别是要坚决打好防范重大风险、精准脱贫、污染防治的攻坚战，使全面建成小康社会得到人民认可、经得起历史检验。可见，中国的小康也是个历史概念，它至少是中国进入和平发展的新时期以来的历史概念，它不仅意味着实现温饱，也意味着全面发展。毫不夸张地说，全面建成小康社会是中国改革开放的首要任务，小康的水平和质量其实就是检验中国改革是否成功的第一条标准，而这恰恰构成了“第一个百年”奋斗目标的实质内涵。

[1] 习近平著：《习近平谈治国理政》，外文出版社2014年版，第12页。

3. 全面深化改革的历史使命

中国的改革实际上可以从理论和实践两个维度去理解。在理论上，根据马克思主义社会基本矛盾理论，改革是为了理顺生产力和生产关系、经济基础和上层建筑之间的矛盾，使生产关系更好地适应生产力的发展要求，使上层建筑更好地适应经济基础的发展要求，我们进行改革的目的是以马克思的唯物史观作为理论依据的。在实践上，改革是为了改善中国人民的生活水平，提升中国社会的综合实力，增强中国的国际实力，使中国摆脱贫困，解决温饱，实现现代化，跻身世界发达国家的行列。

邓小平同志是中国改革开放的总设计师，其政治生涯的后半段都在矢志不渝地推进改革开放。这是为什么呢？这是因为他从理论基础和实践效果上看到，不改革，不发展经济，不改善人民生活，中国只能是死路一条，封闭僵化不是社会主义，贫穷落后更不是社会主义。无论是市场经济，还是计划经济，都是发展经济是一种方式，资本主义可以搞，社会主义也可以搞。搞得好不好？"三个有利于"就是判断的标准。事实是，中国改革开放使中国赶上了时代，使中国人民实现了从站起来到富起来、强起来的伟大飞跃。

习近平同志是在中国的改革步入"深水区"和"攻坚期"之际担任中国共产党的最高领导人的。所谓"深水区的改革"必然意味着改革会面临暗礁和险滩，意味着改革已经由浅入深，由易到难；而所谓"攻坚期的改革"必然意味着改革必须啃下多年难啃的"硬骨头"，意味着改革已经由"平稳起步"到了"爬坡过坎"的阶段。总之，风险与挑战并存，困难与问题并存是本轮改革的显著特点，它更需要新时代的中国共产党人审时度势，稳步推进，以实现诸多顽症痼疾的有效解决。

面对国内外对中国改革的各种质疑，要不要继续改革，如何推进改革？这都是对以习近平同志为核心的新一届党中央的严峻考验。我们看到，在改革的问题上，习近平同志坚定而从容。一个标志性的事件是，2012 年 12 月 31 日，习近平同志在主持十八届中央政治局第二次集体学习时强调，要把党的十八大确立的改革开放重大部署落实好，就要认真总结和运用改革开放的五方面历史经验，在此基础上，改革开放只有进行时没有完成时，没有改革开放，就没有中国的今天，也就没有中国的明天。改革开放中的矛盾只能用改革开放的办法来解决。这便是对前述问题的鲜明回应。紧接着，在 2013 年 11 月 9 日“关于《中共中央关于全面深化改革若干重大问题的决定》的说明”中，他又一次重申，正是从历史经验和现实需要的高度，党的十八以来，中央反复强调，改革开放是决定当代中国命运的关键一招，也是决定实现‘两个一百年’奋斗目标、实现中华民族伟大复兴的关键一招，实践发展永无止境，解放思想永无止境，改革开放也永无止境，停顿和倒退没有出路，改革开放只有进行时、没有完成时。

根据十八届三中全会的部署，此次改革涉及 15 个领域、330 多项具体举措，为了将这些举措相继落到实处，习近平同志亲自担任中央全面深化改革领导小组组长。在 2017 年 2 月 6 日召开的中央全面深化改革领导小组第三十二次会议上，习近平同志强调，党政主要负责同志是抓改革的关键，要把改革放在更加突出位置来抓，不仅亲自抓、带头干，还要勇于挑最重的担子、啃最硬的骨头，做到重要改革亲自部署、重大方案亲自把关、关键环节亲自协调、落实情况亲自督察，扑下身子，狠抓落实。时隔 6 个月，在中央深改组第三十八次会议上，他再次强调，改革是我们进行具有新的历史特点的伟大斗争的重要方面。全面深化改革必须加强党对改革的领导，必须坚持问题导向，必须狠抓改革落实，必须深化对改革规律的认识和运用。要继续高举改革旗帜，站在更高起点上谋划和推进改革，坚定改革定力，增强改革勇气，总结运用好党的十八大以来形成的改革新经验，再接再厉，久久为功，坚定不移将改革进行到底。

十九大结束的这一年多时间以来，我们看到，在全面深化改革的问题上，以习近平同志为核心的新一届党中央态度是坚决的，毅力是坚定的，手段是丰富的。尽管难度大，但是我们拿出的是“壮士断腕”

和“自我革命”的勇气，与此同时，我们遵循的是“胆子要大，步子要稳”的原则，我们的改革是要敢于向积存多年的顽瘴痼疾开刀，要敢于触及深层次利益关系和矛盾，坚决冲破思想观念束缚，坚决破除利益固化藩篱，坚决清除妨碍社会生产力发展的体制机制障碍。这样做的目的是为了实现治理体系和治理能力的现代化，其中，制度建设是最重要的内容，而且，习近平同志也强调，改革要以人民为主体，凡属重大的改革要充分调研，于法有据，这都体现了一种崇高严谨的使命意识。

4. 全面从严治党的历史担当

小平同志晚年有一个政治提醒，他说，“中国的事情能不能办好，社会主义和改革开放能不能坚持，经济能不能快一点发展起来，国家能不能长治久安，从一定意义上说，关键在人。……中国要出问题，还是出在中国共产党内部。”❶ 在此，小平同志指的人是主要党员领导干部，这些人的政治觉悟、政治定力、领导能力、执行能力、廉洁程度决定着国家的政治生态。所以，他同时呼吁，中国发展经济的同时必须坚决反对腐败，搞廉洁政治，而且“不是搞一天两天、一月两月，整个改革开放过程中都要反对腐败”❷。

截至2017年底，中国共产党的党员总数为8956.4万名，党的基层组织457.2万个，其中，基层党委22.8万个，总支部29.1万个，支部405.2万个。但是，数量并不等于质量，中国共产党要成为“两个先锋队”就必须不断加强自身建设，尤其是要不断推动全面从严治党向纵深发展。为此，我们就需要不断省察在新的历史形势下面临的突出问题。习近平专门讲过，“新形势下，我们党面临着许多严峻挑战，党内存在着许多亟待解决的问题。尤其是一些党员干部发生的贪污腐败、脱离群众、形式主义、官僚主义等问题，必须下大力气解决。全党同志必须警醒起来。打铁还须自身硬。我们的责任就是同全党同志一道，

❶ 《邓小平文选》第3卷，人民出版社1993年版，第380页。

❷ 《邓小平文选》第3卷，人民出版社1993年版，第327页。

坚持党要管党、从严治党，切实解决自身存在的突出问题，切实改进工作作风，密切联系群众，使我们党始终成为中国特色社会主义事业的坚强领导核心。”❶ 历史不能代替现实，成就不能代替问题，信任不能代替监督，作为一个在有着13亿多人口的大国长期执政的党，党的建设关系重大、牵动全局。党和人民事业发展到什么阶段，党的建设就要推进到什么阶段。这是加强党的建设必须把握的基本规律。

正是基于对党的建设的规律性认识，习近平同志将“全面从严治党”纳入“四个全面”战略布局，把党风廉政建设和反腐败斗争作为全面从严治党的重要内容，通过五年多的正风肃纪，反腐惩恶，党风政风民风都有明显的好转，不敢腐的目标初步实现，不能腐的笼子越扎越牢，不想腐的堤坝正在构筑，反腐败斗争的压倒性态势已经形成并巩固发展。在十九大报告中，我们有一个明确的判断，这就是，五年来，正是基于全面从严治党，我们解决了许多长期想解决而没有解决的难题，办成了许多过去想办而没有办成的大事，推动党和国家事业发生了历史性变革，而这些历史性变革又将对党和国家各项事业的发展产生积极而深远的历史影响。

正如习近平同志多次强调的那样，全面从严治党永远在路上。尽管反腐败的成绩斐然，但是腐败问题依然存在，“四风”在面上有所收敛，但并没有绝迹。我们看到，在2016年1月召开的中纪委六次全会上，习近平同志表示，全面从严治党是我们党立下的军令状，党中央坚定不移反对腐败的决心没有变，坚决遏制腐败现象蔓延势头的目标没有变，军令状不是随便立的，我们说到就要做到。

全面从严治党是十八以来党中央抓党的建设的鲜明主题，规范党内政治生活、加强党内监督，是推进全面从严治党的重要抓手。在此问题上，我们的逻辑依次是：先治标，从纠正不正之风入手到再深化，从净化政治生态到再治本，建章立制，用制度反腐。我们梳理了一下，从2015年至今，我们党在制度建设方面的成果是两部《准则》和四部

---

❶ 习近平著：《习近平谈治国理政》，外文出版社2014年版，第4—5页。

《条例》。具体是：2015 年 8 月，颁行《中国共产党巡视工作条例》，强化党内监督，规范巡视工作。这是一份任务清单。2015 年 10 月，颁行《中国共产党廉洁自律准则》，面向全体党员、体现道德引领。这是正面清单。2015 年 10 月，为了严肃党的纪律、纯洁党的组织、维护党的团结统一，颁行了《中国共产党纪律处分条例》，这是明确负面清单。2016 年 6 月，以问责倒逼责任落实，追究党组织或领导干部的主体责任、监督责任和领导责任，通过了《中国共产党问责条例》，这是明确责任清单。2016 年 10 月，着眼于构建良好的政治生态，严管党内政治生活，尤其是高中级领导干部，通过了《关于新形势下党内政治生活的若干准则》。2016 年 10 月，着眼于"关键少数"，强化党内监督，保持党的先进性和纯洁性，通过了《中国共产党党内监督条例》。这些准则和条例构成了新时代中国共产党加强自身建设的体系化规范，它必将为营造风清气正的政治生态起到积极而重要的作用。

反腐败是一场输不起的斗争，在要不要反腐的问题上，答案只有一个，态度只有一种，那就是严惩腐败！在这个问题上，"历史的经验值得注意，历史的教训更应引以为戒。面对复杂多变的国际形势和艰巨繁重的改革发展稳定任务，实现'两个一百年'奋斗目标，实现中华民族伟大复兴的中国梦，必须坚持党要管党、从严治党，积极借鉴我国历史上优秀廉政文化，不断提高党的领导水平和执政水平、提高拒腐防变和抵御风险能力，确保党始终成为中国特色社会主义事业的坚强领导核心。"[1] 可见，历史思维也是我们理解新时代全面从严治党的一个思想基础，只有这样，我们才会自觉地树立起"四个意识"，才会积极地将全面治党的各项举措落到实处。

5. "功成不必在我"的历史情怀

恩格斯曾说："历史同认识一样，永远不会在人类的一种完美的理想状态中最终结束；完美的社会、完美的'国家'是只有在幻想中才

---

[1] 习近平著：《习近平谈治国理政》，外文出版社 2014 年版，第 390 页。

能存在的东西；反之，历史上依次更替的一切社会制度都只是人类社会由低级到高级的无穷发展进程中的一些暂时阶段。每一个阶段都是必然的，因此，对它所发生的时代和条件来说，都有它存在的理由；但是对它自己内部逐渐发展起来的新的、更高的条件来说，它就变成过时的和没有存在的理由了；它不得不让位于更高的阶段，而这个更高的阶段也同样是要走向衰落和灭亡的。”[1] 这就是马克思主义关于历史的过程主义思维。在恩格斯看来，完美的社会和国家只有在想象中才能存在，真实的社会和国家都是有局限和不足的。但是，我们不能因此就说过去的历史不应该存在，更不能因此就说历史没有发展和进步，每一代人都有自己的任务和条件，主观愿望要和客观现实结合起来才能逐渐推动历史的进步，这就要求我们具有“功成不必在我”的历史情怀。

我们注意到，习近平同志就有这种历史情怀。早在 2013 年 2 月 28 日召开的十八届二中全会第二次全体会上，他就告诫各级领导班子和领导干部要处理好大胆干事和保持工作的稳定性、连续性之间的关系。他认为，要把十一届三中全会以来的路线方针政策尤其是十八大精神落到实处，就必须发扬钉钉子精神，这不是一锤子买卖，而是要一锤接着一锤敲，钉牢一颗再钉下一颗，不能东一榔头西一棒子。一张蓝图如果是好的，大家就要一茬接着一茬干，不要换一届领导就兜底翻，不要为了显示所谓政绩去另搞一套，搞劳民伤财的“形象工程”“政绩工程”，更不要天天做规划，喊口号，要有“功成不必在我”的精神，真抓实干，真正做到对历史和人民负责。

2015 年 1 月 12 日，在同中央党校第一期县委书记研修班学员座谈时，习近平又一次强调，做县委书记不能有得过且过的临时工思想，做工作不能走过场、一阵风。一个县里，规划几年一变，蓝图几年一画，干不成什么事，县委书记一定要有“功成不必在我”的境界，只要是科学的、切合实际的、符合人民愿望的，就要像接力赛一样，一

[1] 《马克思恩格斯全集》第 4 卷，人民出版社 1965 年版，第 308 页。

棒一棒接着干下去。

2016年3月8日，全国“两会”期间，习近平参加了湖南省代表团审议时强调，“精准扶贫”是他2013年在十八洞村正式提出的。时隔三年，当获悉该村的扶贫工作已经卓有成效时，他又重申：“抓工作不能狗熊掰棒子，去过的每个地方都要抓反馈。有关部门都派人去看过，有的打招呼，有的不打招呼，看到是在认真抓落实，这很好。”

其实，抓一项具体的工作需要“钉钉子”精神，实现全面小康、全面深化改革、实现社会主义现代化又何尝不需要“钉钉子”精神。正如习近平同志所说，“坚持和发展中国特色社会主义是一篇大文章，邓小平同志为它确定了基本思路和基本原则，以江泽民同志为核心的第三代中央领导集体、以胡锦涛同志为总书记的党中央在这篇大文章上都写下了精彩的篇章。现在，我们这一代共产党人的任务，就是继续把这篇大文章写下去。”❶ 这就是当代中国共产党人的历史思维。

三、拓展未来的发展空间

单纯的史料考证和历史叙述是历史思维的第一个维度，在这个维度上，我们所谓的历史其实等于历史知识，史学家的责任就是尽最大可能地复原历史的原貌，它意味着，我们要尊重历史，避免对历史进行遗忘、歪曲或损毁。在一般的意义上，很多人阅读历史的目的是为了分析现实并把握未来，这便是历史思维的另外两个维度。所以说，当下是历史的节点，它勾连过去，又指向未来。正是在这个意义上，习近平同志说，“历史、现实、未来是相通的。历史是过去的现实，现实是未来的历史。”❷

中国的发展成就来之不易，但是，我们也不能躺在功劳簿上自鸣得意。世界潮流浩浩荡荡，只有以宏大的历史思维去布局谋篇，开拓创新，中华民族才能赢得更大的发展空间和发展前景。我们认为，从

---

❶ 习近平著：《习近平谈治国理政》，外文出版社2014年版，第23页。

❷ 习近平著：《习近平谈治国理政》，外文出版社2014年版，第67页。

这个意义出发，习近平同志的历史思维主要体现在两个方面，一个是在历史发展的空间上，他提出了“一带一路”发展倡议，另一个是在历史发展的时间维度上，他提出实现中华民族伟大复兴的中国梦，这对于中国的未来发展有重大而深远的意义。

1. 空间上：“一带一路”发展倡议

2013年9月7日，习近平出访与我国毗邻的哈萨克斯坦，在哈萨克斯坦的纳扎尔巴耶夫大学，他发表了“弘扬人民友谊　共创美好未来”的主旨演讲。他指出，两千一百多年前，中国汉代的张骞肩负和平友好的使命，两次出使中亚，开启了中国通中亚各国友好交往的大门，开辟了一条横贯东西、连接欧亚的丝绸之路。在习近平同志看来，古丝绸之路是一条基于团结互信、平等互利、合作共赢的交往和发展之路，两千多年的历史已经充分证明了这一点。

历史是最好的老师。既然历史上古丝绸之路能够造福中国以及沿线的各国民众，那我们今天为何不能在和平发展、睦邻友好和互利共赢的基础上重走丝绸之路呢？我们看到，在这个问题上，习近平同志有着清醒的认识，他指出，“随着中国同欧亚国家关系快速发展，古老的丝绸之路日益焕发出新的生机活力，以新的形式把中国同欧亚国家的互利合作不断推向新的历史高度。”[1] 可见，辉煌的历史完全可以再现，能不能把握住历史的机遇完全取决于人的判断。紧接着，他指出，“为了使我们欧亚各国经济联系更加紧密、相互合作更加深入、发展空间更加广阔，我们可以用创新的合作模式，共同建设‘丝绸之路经济带’。这是一项造福沿途各国人民的大事业。”[2] 为了表示我们的诚意，习近平提议，先从政策沟通、道路联通、贸易畅通、货币流通、民心相通等五个方面开始做起，以点带面，从线到片，逐步形成区域的大合作。

时隔一月，即2013年10月3日，习近平出访印尼并在印尼国会发

---

[1] 习近平著：《习近平谈治国理政》，外文出版社2014年版，第288页。

[2] 习近平著：《习近平谈治国理政》，外文出版社2014年版，第289页。

表了题为“携手建设中国－东盟命运共同体”的主旨演讲。他在演讲中表示，对印尼的访问是传承友好关系之旅、规划合作之旅。中国和印尼隔海相望，两国友好关系源远流长，走过了很不平凡的历程。1955 年，两国同其他亚非国家在万隆会议上共同倡导了以和平共处、求同存异为核心的万隆精神，为推动建设新型国际关系作出了不可磨灭的历史贡献。习近平指出，2013 年是中国和东盟建立战略伙伴关系 10 周年，中国和东盟关系正站在新的历史起点上。中方愿同印尼和其他东盟国家共同努力，使双方成为兴衰相伴、安危与共、同舟共济的好邻居、好朋友、好伙伴，携手建设更加紧密的中国－东盟命运共同体。

在尊重历史，开辟未来，牢牢把握“中国—东盟战略合作大方向”的前提下，习近平同志进一步指出，“东南亚地区自古以来就是‘海上丝绸之路’的重要枢纽，中国愿同东盟国家加强海上合作，使用好中国政府设立的中国—东盟海上合作基金，发展好海洋合作伙伴关系，共同建设 21 世纪‘海上丝绸之路’。”[1] 与此同时，习近平同志还建议从五个原则方面开始做出努力，分别是讲信修睦、合作共赢、守望相助、心心相印和开放包容。

2013 年 12 月，习近平总书记在中央经济工作会议上就“一带一路”倡议专门提出要求，一是推进“丝绸之路经济带”建设，抓紧制定倡议规划，加强基础设施互联互通建设；二是建设“21 世纪海上丝绸之路”，加强海上通道互联互通建设，拉紧相互利益纽带。

2014 年 5 月 21 日，习近平主席在亚洲相互协作与信任措施会议上做主旨发言时指出，中国将同各国一道，加快推进“丝绸之路经济带”和“21 世纪海上丝绸之路”建设，尽早启动亚洲基础设施投资银行，更加深入参与区域合作进程，推动亚洲发展和安全相互促进、相得益彰。

2014 年 6 月 5 日，习近平主席在中阿合作论坛第六届部长级会议

[1] 习近平著：《习近平谈治国理政》，外文出版社 2014 年版，第 293 页。

上表示，“回顾中阿人民交往的历史，我们就会想起陆上丝绸之路和海上香料之路。我们的祖先在大漠戈壁上‘驰命走驿，不绝于时月’，在汪洋大海中‘云帆高张，昼夜星驰’，走在了古代世界各民族友好交往的前列。……千百年来，丝绸之路承载的和平合作、开放包容、互学互鉴、互利共赢精神薪火相传。六十年前的万隆会议上，中国向尚未建交的阿拉伯国家承诺支持巴勒斯坦人民的斗争；四十多年前，十三个阿拉伯国家和非洲朋友一道，投票赞成新中国恢复联合国席位。”❶在回顾这些光辉历史的基础上，习近平同志最后表示，“中华民族和阿拉伯民族创造了灿烂辉煌的文明，近代以来又都在时代变迁中经历过曲折，实现民族复兴始终是我们双方的追求。让我们携起手来，弘扬丝路精神，深化中阿合作，为中国梦和阿拉伯振兴而努力！为人类和平与发展的崇高事业而奋斗！”❷

通过梳理，我们很容易发现，在发展与周边国家的睦邻友好和外交关系中，习近平同志非常注重追溯双方共同的历史，而事实恰恰是，中国与周边国家之间互信互利、友好交流、共同发展的源远流长的历史为“一带一路”倡议的提出奠定了坚实的基础，这其实就是历史和现实之间辩证关系的典型写照。正如习近平同志所说，“历史是从昨天走到今天再走向明天，历史的联系是不可能隔断的，人们总是在继承前人的基础上向前发展的。古今中外，概莫能外。”❸ 可见，在外交场合，习近平同志有历史思维，这一思维对于认识和处理双边、多边关系时有积极而深远的意义，这种意义我们完全可以通过“一带一路”倡议提出之后相关国家的积极姿态和发展热忱就能获得肯定性结论。可以说，历史思维是我们理解“一带一路”倡议的理论基础。

2. 时间上：实现中华民族的伟大复兴

每一个政党都会有历史的自觉性，这种历史的自觉首先源于其对

❶ 习近平著：《习近平谈治国理政》，外文出版社 2014 年版，第 313—314 页。

❷ 习近平著：《习近平谈治国理政》，外文出版社 2014 年版，第 319 页。

❸ 《习近平党校十九讲》（精装本）（内部使用），中央党校出版社 2015 年版，第 268 页。

自身民族的担当。1840 年之后，中华民族进入了风雨如晦的艰难岁月，中国共产党自诞生之日起，就自觉肩负了拯救民族于水火，实现民族复兴的历史使命。实事求是地说，选择一项使命不容易，践行一项使命更不容易。在这一百七十多年的时间里，中国共产党人从未忘记自己的使命，历史已经充分证明了这一点。在这个意义上，说中国共产党是使命型政党也不无道理。

我们梳理了一下，从 1997 年党的十五大开始，“实现中华民族伟大复兴”的提法开始进入党的报告。十五大报告指出，社会主义初级阶段就是在社会主义基础上实现中华民族伟大复兴的历史阶段，这样的历史进程，至少需要一百年时间。至于巩固和发展社会主义制度，那还需要更长得多的时间，需要几代人、十几代人，甚至几十代人坚持不懈地努力奋斗。

2002 年，党的十六大报告共有四处提及中华民族的伟大复兴。分别是：第一处，在中国特色社会主义道路上实现中华民族的伟大复兴。这是历史和时代赋予我们党的庄严使命。第二处，我们党和我国人民作出的艰辛努力和取得的伟大成就举世瞩目，必将载入中华民族伟大复兴的光辉史册。第三处，不断增强中华民族的凝聚力，为实现中华民族的伟大复兴而共同奋斗。第四处，贯彻“三个代表”重要思想，为中华民族的伟大复兴增添新力量。

2007 年，党十七大报告共有七处提及中华民族的伟大复兴。分别是：第一处，我们党坚持与时俱进，使中华民族大踏步赶上了时代前进潮流、迎来了伟大复兴的光明前景。第二处，改革开放是实现中华民族伟大复兴的必由之路。第三处，中华民族伟大复兴必然伴随着中华文化的繁荣兴盛。第四处，两岸同胞要为实现中华民族伟大复兴而共同努力。第五处，两岸统一是中华民族走向伟大复兴的历史必然。第六处，我们党自诞生之日起就勇敢担当起带领中国人民创造幸福生活、实现中华民族伟大复兴的历史使命。为了完成这个历史使命，一代又一代中国共产党人前赴后继，无数革命先烈献出了宝贵生命。当代中国共产党人必须继续承担好这个历史使命。第七处，实现全面建设小康社会的目标还需要继续奋斗十几年，基本实现现代化还需要继续奋斗几十年，巩固和发展社会主义制度则需要几代人、十几代人甚至几十代人坚持不懈地努力奋斗。我们一定要始终保持对实现中华民族伟大复兴的坚定信念。

2012 年，党的十八大报告，共有八处提及实现中华民族的伟大复兴。分别是：第一处，经过九十多年艰苦奋斗，中华民族伟大复兴展现出光明前景。第二处，实现中华民族伟大复兴，必须坚定不移走中国特色社会主义道路。第三处，建设中国特色社会主义的总任务是实现社会主义现代化和中华民族伟大复兴。第四处，实现中华民族伟大复兴，必须推动社会主义文化大发展大繁荣。第五处，全体中华儿女携手努力，就一定能在同心实现中华民族伟大复兴进程中完成祖国统一大业。第六处，我们党担负着团结带领人民全面建成小康社会、推进社会主义现代化、实现中华民族伟大复兴的重任。第七处，在中国特色社会主义道路上实现中华民族伟大复兴，寄托着无数仁人志士、革命先烈的理想和夙愿。第八处，走向复兴是一种不可逆转的历史进军。

十八大之后，习近平同志在国内外很多重要的场合更是频繁提及实现中华民族伟大复兴的历史使命，其中，最引人注目的有两次：第一次是在十八届中央政治局常委同中外记者见面时，他表示，新一届中央政治局肩负着对民族、人民和党自身三个重大责任，在民族的责任方面，我们要看到中华民族的伟大复兴已经展现出的前所未有的光明前景，我们一定要接过历史的接力棒，为实现中华民族的伟大复兴而努力奋斗。第二次是参观“复兴之路”展览时的讲话，这次，他专门将实现中华民族的伟大复兴提升到了国家梦想的高度。他指出，“复兴之路”这个展览给人以深刻的教育和启示。近代以后，中华民族遭受的苦难之重、付出的牺牲之大，世所罕见。但是，中国人民从不屈服，不断奋起抗争，终于掌握了自己的命运，开始了建设自己国家的伟大进程。改革开放使我们找到了实现中华民族伟大复兴的正确道路，这条道路就是中国特色社会主义。现在，我们比历史上任何时期都更接近中华民族伟大复兴的目标，比历史上任何时期都更有信心、有能力实现这个目标。习近平指出，实现中华民族伟大复兴是中华民族近代以来最伟大的梦想。这个梦想，凝聚了几代中国人的夙愿，体现了中华民族和中国人民的整体利益，是每一个中华儿女的共同期盼，也需要一代又一代中国人共同为之努力。习近平最后强调，我坚信，到中国共产党成立一百年时全面建成小康社会的目标一定能实现，到新中国成立一百年时建成富强民主文明和谐的社会主义现代化国家的目标一定能实现，中华民族伟大复兴的梦想一定能实现。

可以说，实现中华民族的伟大复兴不是某一个政治家个人的事，而是一代又一代中国共产党人自觉的历史使命和奋斗目标，这是因为，中国共产党既是中国工人阶级的先锋队，同时也是中国人民和中华民族的先锋队，我们必须将国家崛起和民族复兴的责任扛在肩上，落在实处。在这一点上，习近平同志非常清醒，而这恰恰是其历史思维的有力体现。

第六章　新时代历史思维的学理解读

习近平指出，“一个民族、一个国家，必须知道自己是谁，是从哪里来的，要到哪里去，想明白了、想对了，就要坚定不移朝着目标前进。”[1] 历史、现实和未来是相通的，今天的很多事情在历史上都自己的影子，通过纵览历史，我们可以为解决今天的问题提供参考和借鉴，但是，思想的力量不在于思想，而在于分析和改变现实，这是研究习近平同志历史思维的根本目的。

一、基本特点

重视学习历史知识，善于用历史思维去分析过去、现在和未来的关系，在此基础上理解和把握世界的潮流和中国的方位，进而提出内政外交方面的一系列方法举措，这是习近平同志治国理政的一个显著特点。无论是引经据典，还是追本溯源，习近平同志的历史思维基本指向三个方面，一是对人民负责，具体就是我们党的群众立场和群众路线；二是对党负责，具体就是从严管党、治党；三是对未来负责，具体就是要有长远眼光，实现永续发展。

1. 对人民负责

十八大之后，习近平同志携新一届中央政治局常委在中外记者会上的亮相让人印象深刻，尤其是在这次记者会上，他明确提出，“人民对美好生活的向往，就是我们的奋斗目标。”[2] 紧接着，在十八届中央

---

[1] 习近平著：《习近平谈治国理政》，外文出版社 2014 年版，第 171 页。

[2] 习近平著：《习近平谈治国理政》，外文出版社 2014 年版，第 4 页。

政治局第一次集体学习时，他又指出，“密切党群、干群关系，保持同人民群众的血肉联系，始终是我们党立于不败之地的根基。一个政党，一个政权，其前途和命运最终取决于人心向背。如果我们脱离群众、失去人民拥护和支持，最终也会走向失败。”[1] 这便是在全党范围内开展以为民、务实、清廉为主要内容的党的群众路线教育实践活动的政治背景。

（1）继承历史传统，不忘群众路线。2013 年 12 月，在纪念毛泽东同志诞辰 120 周年座谈会上的讲话中，他强调，历史反复证明，人民群众是历史发展和社会进步的主体力量，群众路线本质上体现的是马克思主义关于人民群众是历史的创造者这一基本原理，只有坚持这一基本原理，我们才能把握历史前进的基本规律，只有按历史规律办事，我们才能无往而不胜；群众路线是我们党的生命线和根本工作路线，不论过去、现在和将来，我们都要坚持这个路线，要把群众路线贯彻到治国理政的全部活动之中；在人民面前，我们永远是小学生，要珍惜人民给予的权力，要自觉让人监督权力；全心全意为人民服务是我们党一切行动的根本出发点和落脚点，党的一切工作，必须以最广大人民根本利益为最高标准，检验我们一切工作的成效，最终都要看人民权益是否真正得到了保障；要保持党和人民群众的血肉联系，我们党最大的政治优势是密切联系群众，党执政后最大危险是脱离群众。此可谓对群众路线的理论渊源、历史意义和现实作用的一次系统阐发。

（2）在发展方向上，要以人民为中心。2015 年 10 月 26 日，中国共产党第十八届中央委员会第五次全体会议在北京召开，这次全会不仅提出了“五大发展理念”，而且还首次提出了“以人民为中心的发展思想”，这是党的宗旨意识的鲜明表达，而“五大发展理念”中的“共享发展”更是将这一思想落在了实处。全会强调，要坚持人人参与、人人尽力、人人享有的要求，坚守底线、突出重点、完善制度、引导预期，注重机会公平，保障基本民生，实现全体人民共同迈入全

---

[1] 习近平著：《习近平谈治国理政》，外文出版社 2014 年版，第 15 页。

面小康社会。紧接着，在中央政治局就马克思主义政治经济学的基本原理和方法的学习会上，他继续强调，要坚持以人民为中心的发展思想，坚持把增进人民福祉、促进人的全面发展、朝着共同富裕方向稳步前进作为经济发展的出发点和落脚点。在2016年1月18日召开的省部级重要领导干部学习贯彻十八届五中全会专题研讨班上，他又一次强调，“以人民为中心的发展思想，不是一个抽象的、玄奥的概念，不能只停留在口头上、止步于思想环节，而要体现在经济社会发展各个环节。要坚持人民主体地位，顺应人民群众对美好生活的向往，不断实现好、维护好、发展好最广大人民根本利益，做到发展为了人民、发展依靠人民、发展成果由人民共享。”❶

（3）在改革问题上，以人民为主体。早在福建工作的时候，习近平就谈到，在改革和建设中，必须处理好社会实践主体的责任和利益关系，一方面，要把广大人民群众永远置于社会实践的主体地位，引导和动员他们积极参与建设和改革，承担起改革和建设的历史重任，防止将社会主义改革和建设由全体群众主动参与和积极发挥作用的伟大社会实践，变为由少数精英主导、主演，广大人民群众在一旁观看或被动服从的贵族式的上层社会活动，从而将全体人民的事业变成少数人的事业；另一方面，要充分反映和体现广大人民群众的利益和要求，使其利益得到关照，愿望和呼声得到充分表达，真正成为改革和建设的受益者。❷ 2008年，在中央党校，他在总结改革开放30年党的建设工作的基本经验时强调，我们党是靠宣传群众、组织群众、依靠群众起家，从胜利走向胜利的，我们党的根基在人民、血脉在人民、力量在人民。2013年底，在中央政治局召开的历史唯物主义基本原理和方法的学习会上，他又强调，要坚持把实现好、维护好、发展好最广大人民根本利益作为改革的出发点和落脚点，让发展成果更多更公

❶ 习近平著：《习近平谈治国理政》，外文出版社2014年版，第401页。

❷ 习近平：《略论〈关于费尔巴哈的提纲〉的时代意义》，《中共福建省委党校学报》2001年第9期。

平惠及全体人民，唯有如此改革才能大有作为。

（4）在价值判断上，要以人民为主。党的群众路线最后一层含义是“到群众中去”，它的含义是，我们的决策对不对，办法灵不灵，效果好不好，最后要通过群众的评价去检验。可以说，人民群众是历史的最终评判者。习近平非常懂得这一点。早在浙江时期，他就说过，“在任何时候任何情况下，都要始终坚持把最广大人民的根本利益放在首位，自觉用最广大人民的根本利益来检验自己的工作和政绩，做到凡是为人民造福的事就一定要千方百计办法，凡是损害广大群众利益的事就坚决不办。”❶ 2013 年，在纪念毛泽东诞辰 120 周年座谈会上，他指出，“我们党的执政水平和执政成效都不是由自己说了算，必须而且只能由人民来评判。人民是我们党的工作的最高裁决者和最终评判者。如果自诩高明、脱离了人民，或者凌驾于人民之上，就必将被人民所抛弃。”❷ 2015 年，在中央深改组第十次会议上，他指出，要把改革方案的含金量充分展示出来，让人民群众有更多获得感。在 2016 年召开的中央深改组第二十一次会议上，习近平继续强调，要把是否给人民群众带来实实在在的获得感，作为改革成效的评价标准。

（5）在政绩考量上，以人民为根本。当干部就要出政绩，但是，在习近平同志看来，正确的政绩观要与群众利益高度一致。他曾形象地比喻说，干部要有一种与群众“跳火坑”的精神。他说，“我们的方针再正确，如果不被群众所理解，也难以贯彻执行。如果群众不听，你就先跟着群众走，群众跳火坑，你也跟着跳下去。群众觉悟了，从火坑里爬出来，最终还是要跟你走。群众跳，你不跳，干群关系就疏远了。你一起跳，感情上拉近了，工作就好做了。”❸ 此外，在新形势下，关于群众工作的特点和要求，他分析到，“一个重要特点是，群众的民主意识、自我维权意识增强了。对此，我们要讲两句话：第一句

---

❶ 习近平著：《之江新语》，浙江人民出版社 2007 年版，第 33 页。

❷ 习近平：“在纪念毛泽东同志诞辰 120 周年座谈会上的讲话”，《人民日报》2013 年 12 月 27 日。

❸ 习近平著：《干在实处 走在前列》，浙江人民出版社 2006 年版，第 532 页。

话，干部要相信和依靠群众，但又不能做群众的尾巴；第二句话，干部要教育和引导群众，但千万不能站到群众的对立面。”❶ 2010 年，在中央党校他就领导干部树立正确的世界观、权力观和事业观时强调指出，“领导干部无论官当多大、权有多重，都只有为人民服务的义务。而且官越大、权越重，为人民服务越应该做出成绩，越应该把人民群众利益放在行使权力的最高位置，把人民群众满意作为行使权力的根本标准。”❷ 尤其是 2015 年在和中央党校第一期县委书记研修班的学员座谈时，他要求广大干部要争当“四有型干部”，第一条就是要“心中有民”，在这个方面，焦裕禄、谷文昌都是模范和典型。

上述几个方面并不能完全代表对习近平同志群众立场的详细梳理，限于篇幅和框架，我们只能做一些初步的概括，因为习近平同志对群众路线的重视，对群众利益的维护，对人民负责的意识几乎大会小会都在讲。早在 1989 年，他就认为“密切联系人民群众”是“干部的基本功”，他说，“我们党已是在和平时期执政了 40 年的党，脱离群众的危险比之战争年代大大地增加了，而脱离群众对党、对人民可能产生的危害也大大地增强了。”❸ 2013 年，在纪念毛泽东诞辰 120 周年座谈会上，他提出，“我们党的最大政治优势是密切联系群众，党执政后的最大危险是脱离群众。”❹ 2016 年，在中纪委六次全会上，他说，“‘天下何以治？得民心而已！天下何以乱？失民心而已！’社情民意是观察政治问题的晴雨表。”❺ 而且，步入全面深化改革的新时期，习近平站在坚持和发展中国特色社会主义的高度指出，“中国特色社会主义道路，是实现我国社会主义现代化的必由之路，是创造人民美好生活的

❶ 习近平著：《干在实处 走在前列》，中央党校出版社 2006 年版，第 531—532 页。

❷ 《习近平党校十九讲》（精装本）（内部发行），中央党校出版社 2015 年版，第 234 页。

❸ 习近平著：《摆脱贫困》，福建人民出版社 1992 年版，第 16 页。

❹ 习近平：“在纪念毛泽东同志诞辰 120 周年座谈会上的讲话”，《人民日报》2013 年 12 月 27 日。

❺ 中共中央文献研究室编：《习近平总书记重要讲话文章选编》，中央文献出版社 党建读物出版社 2016 年，第 362 页。

必由之路。”❶

2. 对党负责

习近平同志历史思维的另一个突出特点是对党负责。这是因为，其一，中国共产党是一个有96年光辉历史的政党，其自诞生之日起就有实现中华民族伟大复兴的历史使命；其二，他是党的总书记，他必须将管党治党的责任扛在肩上，因为前有苏联共产党的教训，今有我们党自身存在一系列不正之风的现实。

（1）重视历史智慧，防止悲剧重演。2013年1月22日，在中纪委二次全会上，习近平指出，党风廉政建设和反腐败斗争是党的建设的重大任务。以史为鉴，苏共早年在有20万党员时能够夺取政权，在有200万党员时能够打败法西斯侵略者，而在有近2000万党员时却丢失了政权、丢失了自己，为什么？一个很重要的原因就是政治纪律被动摇了，谁都可以为所欲为、言所欲言。这个时候的苏联共产党其实已经变成了乌合之众。前事不忘，后事之师，这就是历史对于当下的意义。

（2）提升政治高度，增强思想认识。2013年4月19日，在中央政治局第五次集体学习时，他特别指出，历史的智慧值得注意，历史的教训更应引以为戒，我们党把党风廉政建设和反腐败斗争提到关系党和国家生死存亡的高度来认识，是深刻总结了古今中外的历史教训的。可见，我们反腐不是做做样子，走走过场，而是真刀真枪，只有提升到关系党和国家生死存亡的高度，我们才能领会到反腐斗争对于每个人的意义，这才能在更大范围和更长时间内凝聚人心，汇聚力量，达到党长期执政、科学执政的目的。

（3）中央自己带头，层层传导责任。习近平同志的政治素养非常高，他既重视用规矩、纪律和法律来管别人，也重视用规矩、纪律和法律来管自己，这是根除“两面人”，提升政治威望的有效保证。他曾

❶ 习近平著：《习近平谈治国理政》，外文出版社2014年版，第9页。

在中央政治局“三严三实”专题民主生活会上坦陈，“我常常想，受全党同志信任，我担任了党的总书记，必须严格要求自己，带头按党章办事，带头遵守党的纪律和规矩，带头管好亲属子女和身边工作人员。”❶ 此外，在这次会议上，他还语重心长地对中央政治局的其他常委们说道，“我们的一句话、一个批示、在哪里出一下场、同哪个人见一次面，往往都有很重的分量，党内外、国内外亿万双眼睛天天在看着我们。我们的一言一行、一举一动，都不只是个人的事，而是党和国家的事、人民的事、全局的事。”❷

（4）严肃执纪问责，没有特殊例外。十八大以来，中央纪委共立案审查中管干部240人，全国纪检监察机关共立案116.2万件，给予纪律处分119.9万人，目前，反腐败斗争的“压倒性态势已经形成”。这一成就的取得是习近平同志所强调的“零容忍”态度有关，与其所强调的“不设限”原则有关。面对纷纷倒地的“大老虎”和“小苍蝇”，习近平同志没有觉得后悔，他强调，“我们党之所以要严肃查处这些人，最终还是对党、对国家、对人负责，也是对历史负责。……如果我们只满足于自己不腐不贪、勤恳工作，对党内存在的现实而严峻的问题不闻不问、当老好人，尸位素餐，无动于衷，无所作为，今后出了大问题，我们这些人是要被‘拉清单’的，会成为历史的罪人，历史的如椽之笔会记下我们的责任。”❸

习近平同志曾经解释说：“党的十八大报告中有一句话，我主持起草工作时就主张要写上去，就是‘发展中国特色社会主义是一项长期的艰巨的历史任务，必须准备进行具有许多新的历史特点的伟大斗

❶ 中共中央文献研究室编：《习近平总书记重要讲话文章选编》，中央文献出版社 党建读物出版社2016年，第355页。

❷ 中共中央文献研究室编：《习近平总书记重要讲话文章选编》，中央文献出版社 党建读物出版社2016年，第336页。

❸ 中共中央文献研究室编：《习近平总书记重要讲话文章选编》，中央文献出版社 党建读物出版社2016年，第343页。

争’。这句话涵义是很深的。”[1] 其实，这句话就是针对我们党面临的“四种危险”和“四大考验”讲的，怎么破除？根本还是从我们自己做起。早在1957年，邓小平同志就曾说过，“共产党有没有资格领导，这决定于我们党自己。人家承认不承认是另外一回事，不承认也不要紧。如果你合格，人家不承认也合格；如果不合格，人家承认了也还是不合格。归根到底在于我们自己。”[2] 所以说，与腐败现象和腐败分子做斗争不是一时兴起，而是我们党的自我净化、自我完善、自我革命和自我提高，说到底，这是当代中国共产人的执政自觉，最终的目的是提高纯洁性、凝聚力和战斗力，在这个问题上，习近平同志不含糊、不动摇、不妥协，充分体现了其对党负责的极高的历史责任感。

3. 对未来负责

历史是通向未来的，历史思维就必须有未来的向度，我们运用历史思维去认识和处理问题也必须体现这一维度。我们看到，习近平同志的历史思维其实包含着这一维度，其诸多关于历史思维的讲话都体现了一种对未来负责的担当精神。

（1）开局亮相，明确目标愿景。政治家必须要有目标和愿景，当然，这个目标和愿景不能是个人的纯粹现象，而是人民的普遍愿望和民族的奋斗目标的象征和代表。在2012年11月，习近平同志先是在中外记者见面会上表示，中华民族伟大复兴呈现出了前所未有的光明前景，我们的责任就是为了这一目标而努力奋斗。时隔半月，在参观“复兴之路”展览时，他认为实现中华民族伟大复兴就是“中国梦”，它既是民族梦，也是国家梦，既是党员的梦想，也是群众的梦想，这个梦想将每一个中国人紧紧连在一起，它是我们开创未来的目标和愿景。

（2）教育干部，要有远大理想。正如十八大所指出的，精神懈怠

---

[1] 中共中央文献研究室编：《习近平总书记重要讲话文章选编》，中央文献出版社 党建读物出版社2016年，第82页。

[2] 《邓小平文选》第1卷，人民出版社1994年版，第274页。

是全党面临的一个大危险，少数党员干部理想信念动摇便是这一危险的现实表现。所以，在正风肃纪的同时，习近平同志给广大党员干部还提出了“补精神之钙”的要求，而且他还强调指出，“理想信念坚定，是好干部的第一条标准，是不是好干部，首先看这一条。如果理想信念不坚定，不相信马克思主义，不相信中国特色社会主义，政治上不合格，经不起风浪，这样的干部能耐再大也不是我们党需要的好干部。只有理想信念坚定，用坚定理想信念炼就了‘金刚不坏之身’，干部才能在大是大非面前旗帜鲜明，在风浪考验面前无所畏惧，在各种诱惑面前立场坚定，在关键时刻靠得住、信得过、能放心。理想信念就是人的志向。古人说‘志之所趋，无远勿届，穷山距海，不能限也。志之所向，无坚不入，锐兵精甲，不能御也’。意思是说，志存高远的人，再遥远的地方也能达到，再坚固的东西也能突破。在革命、建设、改革各个历史时期，有无数共产党员为了党和人民事业英勇牺牲了，支撑他们的就是‘革命理想高于天’的精神力量。”❶ 办好中国的事情关键在党，关键在人。如果有一支志存高远、信念坚定的干部队伍，我们何愁腐败不除，何愁事业不成？所以，加强理想信念教育也是一种对未来负责的姿态。

（3）善于学习，化解本领恐慌。善于学习是中国共产党人优良的历史传统，也是我们推动党和人民事业发展的一条成功经验。步入新的历史时期，我们出现了“新办法不会用，老办法不管用，硬办法不敢用，软办法不顶用”现象，这便是十八大提出的建设学习型、服务型和创新型马克思主义政党的战略背景。习近平同志指出，学习应该是坚持全面、系统的原则。其中，历史是最好的教科书，党史、国史的学习必不可少，因为正确了解党和国家的历史对于认识党情、国情十分必要，对于开创未来也十分必要。❷ 可见，在习近平同志看来，本

❶ 中共中央文献研究室编：《习近平总书记重要讲话文章选编》，中央文献出版社 党建读物出版社 2016 年，第 58—59 页。

❷ 参见习近平：“在中央党校建校 80 周年庆祝大会暨 2013 年春季学期开学典礼上的讲话”，《习近平谈治国理政》，外文出版社 2014 年版，第 403—405 页。

领缺乏不可怕，未来的不确定性也不可怕，最可怕的是我们掉以轻心，骄傲自满，只有善于学习，尤其是历史知识的学习，我们才能更好地开创未来。

（4）创新发展，只为赢得未来。2014 年 6 月，习近平同志在“两院”院士座谈会上指出，实现中华民族伟大复兴必须抓住历史机遇；当前，我国已经进入了新型工业化、信息化、城镇化、农业现代化同步发展、并联发展、叠加发展的关键时期，给自主创新带来了广阔发展空间、提供了前所未有的强劲动力，我们必须紧紧抓住这个创新的历史机遇。他还引用司马迁在《史记》中的话，“聪者听于无声，明者见于未形”，中国在明末清初之所以落后并不是不善于学习，也不是没有科技成果，而是没有进行及时有效的转化，原因就是我们的体制机制不顺、不畅，所以，必须深化科技体制机制改革。此外，他还引用《管子·权修》中的话强调，“一年之计，莫如树谷；十年之计，莫如树木；终身之计，莫如树人”，人才就是未来，必须多培养创新型人才。

二、现实意义

根据历史思维，“过去的历史”对于“当下的我们”主要有三大现实意义，一是警示意义，即要从历史教训中看到“历史的大忌”，所谓“前车之鉴”就是对此而言；二是启迪意义，即要从历史中看到“前人的智慧”，进而获得启发，攻坚破难，改进工作；三是激励意义，即要从历史中发现“鼓舞的力量”，进而增强信心，提升热情，砥砺前行。

1. 警示意义

在某种意义上，历史其实也是一部警示录。透过历史，我们也能看到古人怎么对待权力、职位、金钱和名誉等东西，这一点对于身处市场经济大潮中的我们很有警示意义。

我们不妨以秦桧为例做些说明。

实际上，秦桧并非生来就是奸佞之人，早在金兵南下时，官居太学学正的秦桧也是主战派，他也曾上书朝廷力主严加守备，反对割地称臣。北宋灭亡后，金军打算立宋朝的遗臣张邦昌为傀儡皇帝，秦桧知情后，他不顾“斧钺之诛”，向金营递交了议状，陈述了张邦昌过去奴颜婢膝、鱼肉百姓的恶行。

但是，说人易，律己难。“靖康之难”后，秦桧也知道了趋炎附势。在跟随金人过了一段卖主求荣的日子后，南宋建炎四年，他携妻回到朝廷。在又一次取得了宋高宗的信任后，他官拜宰相。为了巩固地位，他建议宋高宗实行“南北分治”和“合议保全”的政策，此时的秦桧已经成了一个只谈议和，毫无斗志的卖国小人，而对此举大加反对的朝臣，秦桧则使尽手段对其加以迫害。绍兴十年，金兀术撕毁和约举兵南下，岳飞、韩世忠等将领领兵出战，屡挫金军，但是，岳飞的“还我河山”终没有敌过秦桧的三寸不烂之舌，最终，一代名将不得不班师回朝被投身冤狱，并最终以“莫须有”的罪名处死。

绍兴二十五年，秦桧离世，宋高宗本想给其树碑立传，结果满朝官员没有一人愿意为其书写墓志铭。隆兴元年，宋孝宗继位后，岳飞被平反，秦桧的墓被掘，秦家被查抄，其王爵被夺，其谥号被改成“缪丑”。如今在杭州的西子湖畔，秦桧夫妇的反剪跪像被塑在岳飞墓前，一代贪权误国、谋害忠良的奸相终落得千人骂、万人唾的下场。

历史就是人的成长史。透过历史，我们能看到别人，也能看到自己。在古往今来的历史中，徇私舞弊、曲意逢迎、陷害忠良的官员从来都不乏其人，这些人曾经也可能是刚正不阿、两袖清风、从善如流的好官员，但是，只有自己才是最大的敌人，他们很多人最终都败在了私心私利上。当然，在很多情况下，他们在世时也可能青云直上，志得意满，但是，历史不会原谅他们，历史有自己的道德评价标准，老百姓的悠悠之口会惧其一时，不会惧其一世，毕竟生前身后是两回事。在治贪反贪、管党治党的问题上，外在的舆论监督、体制约束、惩戒手段都很必要，但是，从哲学上看，这些都是外因，外应要通过内因起作用，如果内因缺乏，再好的外因必然只是形式和摆设。在这种情况下，不良的内因反而会想方设法逃避这些外因的制约，所以，关键在于内因，因为内因是基础和土壤，是能否戒除贪污腐败的决定性因素。正是在这个意义上，古人将道德自律、修身养性作为治国安邦的第一要务确实切中了人性的辩证法，在这个基础上，我们就非常容易理解古人所谓的“修身—齐家—治国—平天下”思想逻辑和现实意义。

2. 启迪意义

再讲一则故事：汉代的张良是协助刘邦反秦建汉的功臣。在反秦的战争中，张良劝告刘邦从秦军的薄弱守缺口突破，进而取得了先入咸阳的优势。入秦宫之后，刘邦面对秦宫的美女珠宝一时忘乎所以，此时，张良又对其晓之以利害，终于说动刘邦还军霸上。鸿门宴上，张良勇敢说服刘邦安心赴宴，并让项伯在席间拔剑与项庄对舞，使得刘邦得以逃脱。公元前 201 年，汉室天下已定，刘邦论功行赏。他本想择地三万户为张良封地，但是张良只要求刘邦将他们初会的留地作为封地以为纪念，刘邦答应了他。刘邦执政后期，权力欲膨胀，许多有功之臣先后被诛杀，加之吕后参政抓权，张良也随之诞生了离开政治旋涡的念头，经与刘邦敞开心扉交谈之后，他随之离开了官场，跟从赤松子四处云游。

在中国古代，类似的故事还有很多，选取这则故事，无非是表达一层基本的意思，那就是，在政治生活中，一个人想实现华丽转身绝非难事，但是，适时地华丽谢幕也未尝不可。反观现实生活中，有的领导干部不想着怎么把工作做得更好，而是经常想着拉关系，走后门，说谎邀功，习近平同志也列举道，“有的领导干部为了自己提升，不仅自己跑官要官，还指使人搜集他人的问题，发现不了问题就捏造和诬陷，发现举报自己问题的情形则百般掩盖，甚至滥用权力打击报复。”[1]其实，最后去看，所有这些沽名钓誉、上蹿下跳、搞阴谋诡计的人最

---

[1] 中共中央文献研究室编：《习近平总书记重要讲话文章选编》，中央文献出版社 党建读物出版社 2016 年，第 157 页。

后都是机关算尽，反误了卿卿性命。

当前，党中央已经严明了多项政治纪律、组织纪律、廉洁纪律、群众纪律、工作纪律和生活纪律，其中，政治纪律是最根本、最重要的纪律，之所以出台这些纪律，就是为了纯洁党的肌体，净化政治生态，涵养政治气候，给求真务实的人以空间，给违法乱纪的人以制裁，根本的目的是党和人民的事业获得更好更大的发展。

其实，细读习近平同志的系列讲话，很多历史典故，他都是信手拈来，令人备受教育。例如，关于防微杜渐的问题，他举例说，春秋时期，鲁国有一位宰相叫公仪休，这位宰相很爱吃鱼，但是，他从不吃别人送给他的鱼，原因是几条小鱼可以断送他的政治生命，只有不收鱼，自己才能有鱼吃。又如，关于管理亲属子女的问题，他列举毛泽东同志的例子说，建国初期，毛主席就给自己定下了三条原则：念亲，但是不为亲徇私；念旧，但不为旧谋利；济亲，但是不以公济私。再如，关于领导层级的问题，他引用元代政治家张养浩的话说："君子居其官，则思尽其职，所谓危且难者，古有所不避焉，竭忠吐诚，置死生祸福于度外，庶上不负国，下不负所学"，目的就是提醒中央政治局的同志，不要越俎代庖、事事亲力亲为，而是要把住大关大节。可见，很多现实的问题我们的前人也遇到过，汲取这些历史智慧可以让我们更加心明眼亮，这就是历史的启迪意义。

3. 激励意义

社会主义是前无古人的事业，没有现成的经验可循是第一难，社会主义是在落后国家落地生根的，经济基础薄弱是第二难，社会主义又是千百万人的事业，要让大量的人口脱贫是第三难。此外，社会主义建设过程中曾经遭受并且还将继续遭受被敌对势力封锁、打压、围堵、唱衰、抹黑等诸多严峻考验。尽管如此，中国共产党人依然坚信，社会主义是正义的事业，它既符合历史发展的规律，又占据道义的制高点。对此，习近平同志曾经满怀信心地指出，"一个国家实行什么样的主义，关键要看这个主义能否解决这个国家面临的历史性课题。历史和现实都告诉我们，只有社会主义才能救中国，只有中国特色社会主义才能发展中国，这是历史的结论、人民的选择。随着中国特色社会主义不断发展，我们的制度必将越来越成熟，我国社会主义制度的优越性必将进一步显现，我们的道路必将越走越宽广。”[1]

当然，习近平同志也非常清楚地认识到，“我们的事业越前进、越发展，新情况新问题就会越多，面临的风险挑战就会越多，面对的不可预料的事情就会越多。我们必须增强忧患意识，做到居安思危，懂就是懂，不懂就是不懂；懂了就努力创造条件去做，不懂的就要抓紧学习研究弄懂，来不得半点含糊。”[2]从哲学上讲，事实不等于价值，正义的事情本身包含着崇高的价值，但是，只有把事情做好，价值才能自然得到彰显，我们做的事情才能得到更多的人的拥护。社会主义、中国特色社会主义就是这样的事业。马克思曾经说过，人只有为同时代人的完美、为他们的幸福而工作，自己才能达到完美。如果一个人只为自己劳动，他也许能够成为著名的学者、伟大的哲人、卓越的诗人，然而他永远不能成为完美的、真正伟大的人物。如果我们选择了最能为人类而工作的职业，那么，重担就不能把我压倒，因为这是为大家作出的牺牲；那时我们所享受的就不是可怜的、有限的、自私的乐趣，我们的幸福将属于千百万人，我们的事业将悄然无声地存在下去，而面对我们的骨灰，高尚的人们将洒下热泪。我们认为，马克思主义这种超越于个人、民族、国家和地域的崇高道德力量契合了中国的传统文化中的天下精神，这种精神感染并成就了无数的共产党人，也正是这些毫不利己专门利人的人的存在，才是中国的革命、建设和改革事业薪火相传。

正是因为有这种崇高的精神做铺垫，所以，我们就很能理解方志敏为了革命虽经手百万却不拿一分的故事，他曾坦陈：“我从事革命斗

[1] 《习近平谈治国理政》，外文出版社 2014 年版，第 22 页。

[2] 《习近平谈治国理政》，外文出版社 2014 年版，第 23 页。

争，已经十余年了。在这长期的奋斗中，我一向是过着朴素的生活，从没有奢侈过。经手的款项，总在数百万元；但为革命而筹集的金钱，是一点一滴的用之于革命事业。这在国方（即国民党方面。——作者）的伟人们看来，颇似奇迹，或认为夸张；而矜持不苟，舍己为公，却是每个共产党员具备的美德。"❶ 其实，在艰苦卓绝的中国革命史中，像方志敏烈士这种舍生取义的例子简直不胜枚举，中国共产党人以自己的实际行动让老百姓看到了铁的作风和纪律。所以，在战争的岁月里，尽管我们衣不蔽体，食不果腹，但是，我们的精神世界无比丰富和充实，这是在战争环境下被一再考验和证明了的东西，也正是这种敢于为人民和国家从容赴死的牺牲精神，使中国共产党最终赢得了全体中国人民的衷心拥护，解放战争的排山倒海之势便是这种精神性力量的外在表现。

中国共产党肩负着为人民谋福祉和保障人民得福祉的使命，这是一件无比光荣和高尚的使命。这是一支用先进理论武装起来的先锋队伍，而不是封建社会的绿林好汉，它既要解放发展生产力，也要消灭剥削和压迫，同时还要代表先进文化的发展方向，所以，历史和人民必然会选择中国共产党。当然，如果中国共产党辜负了这种重托，也必然会走下历史的舞台，这是前苏联解体中得到的直接教训。

---

❶ 转引自江西省委党史研究室编：《方志敏文集》，江西人民出版社 1999 年版，第 166 页。

第七章　反对历史虚无主义

近年来，历史虚无主义在中国的“思想市场”很受“追捧”。这种观点认为，历史没有什么本质性、进步性和规律性可言，唯物史观就是无稽之谈，我们应该根据人性、善恶或别的什么标准来理解历史，在此基础上，中国的历史和中国共产党的历史也需要怀疑、考证甚至重写。

习近平同志指出，意识形态工作具有极端的重要性，党必须对意识形态体现领导权、管理权和话语权。对于历史虚无主义思潮，习近平明确指出，“中国共产党人不是历史虚无主义者，也不是文化虚无主义者。”[1] 所以，研究习近平同志的历史思维必须批判历史虚无主义，这对于端正历史认识，增强历史定力，提升“四个自信”很有现实意义。

一、历史虚无主义的含义及其表现

1. 历史虚无主义的含义

从来源上考察，历史虚无主义源于19世纪、20世纪之交的西方社会，当时西方哲学中的虚无主义观念是其产生的思想土壤。虚无主义最根本的特征是否认普遍性、正确性、本质性和规律性，怀疑主义、相对主义和解构主义是其孪生兄弟。历史虚无主义是虚无主义思潮向历史领域的延伸，其实质就是虚无历史，认为历史中没有什么前进和发展，只有个人与时代、理想和现实、正义与邪恶、男人与女人、皇

---

[1] 习近平：“在纪念孔子诞辰2565周年国际学术研讨会暨国际人学联合会第五届会员大会开幕会上的讲话”，《人民日报》2014年9月25日。

帝与臣子、官与民之间的纠缠和博弈。

当前，我们所讲的历史虚无主义主要集中在两个相互关联的层面。第一个层面具有一般性和普遍性，它通常是指一种用静止的、孤立的、片面的观点去看待人类过去的历史的形而上学思维方式，这种意义上的历史虚无主义热衷历史局部而否认历史整体，热衷历史碎片而否认历史联系，热衷历史的阴暗面而否认历史积极面，通过孤立分析历史中的琐细片段来否定整体过程是其主要表现；第二个层面是第一个层面在党史和国史领域的延伸，它主要认为党史和国史都是虚构出来的，必须按照某种人性标准来重写党史和国史，尤其要对中国近现代史和中国革命史上已有定论的历史事实、历史人物、撰史原则进行重新评价和重新叙述。我们主要侧重于分析后一层面。

2. 历史虚无主义的表现

历史虚无主义具有很大的迷惑性，其在史学、文学、艺术和教育等领域都有表现，其中，史学领域是溃烂区和重灾区。

第一，否定唯物史观，以“人性原则”怀疑、歪曲甚至否定整个历史。英国史学家卡莱尔有句名言，每个人都是自己的历史学家。这句话是历史相对主义的理论基础，今天的微观史学便是在这个意义上发展和延伸的。按照这个理解，历史之间不存在共同原则和普遍标准，每个人都有其对历史的真实性的理解，而且这种理解不能互相取代。其理由是：尽管我们和古人不在同一个时代，但是，大家都是人，都有人所共有的喜怒哀乐、生离死别和七情六欲，所以，历史完全可以进行“同情式的理解”。基于这种普遍的人性经验和共同的个人感觉，在历史中“坏人不坏，好人不好”，原来被视为落后生产力和生产关系代表的地主豪绅也有“温情脉脉”的一面，而原来被奉为精神标杆的英雄人物竟然也有“自私自利”的一面。这样一来，历史就成了各执一词的舆论场，在此逻辑的作用下，文艺作品中才会出现“赤壁之战是几个男人和女人之间的无谓之争”的闹剧，大学的课堂里才会发出“喜儿可以光明正大的嫁给黄世仁”的怪论。

第二，否定革命的逻辑，以“改良之愿”要求重写中国的近现代史。在历史虚无主义者看来，中国近代本可以“告别革命”，走不流血与不牺牲的改良主义、议会共和、宪政民主的发展道路。基于这一前提，他们认为，必须对这一百七十多年的近代史进行反思。一个典型做法就是，在大量的历史故事中寻求那些可以进行“去革命化”的史料进行放大和夸张，以此实现“告别革命”“告别共产党”“否定社会主义制度”的目的。在他们看来，这才是对历史负责，才是对党和人民负责，才算是揭露了“真正的历史秘密”，同时否定了“关于历史的谎言”。受此影响，一些人认为，中国共产党的登台、中国革命的成功、中国人民的牺牲以及用马克思主义分析中国社会的阶级状况等问题都需要重新审视，或者说，中国的近代史还存在着其他的发展可能。

第三，否定改革的逻辑，以“自由之名”要求重评中国的改革开放史。在改革的问题上，我们既强调历史的必然性，也注意发展的方向性，中国特色社会主义道路是改革的方向所在。但是，在那些自诩手持“学术范式”的历史虚无主义者看来，市场经济的发生发展以生产要素的自由流通和平等交换为前提，所以，搞市场经济必须推行自由主义价值观。自由主义就是当代的普世价值，中国不仅没有理由拒绝西方的自由主义价值观念，而且要以自由主义作为价值标准来进行市场经济改革，“社会主义”和“市场经济”根本就讲不通，把这两个词语放在一起就是自相矛盾，只有照搬西方的自由主义市场经济，中国才能搞出合格的市场经济。以此为依据，对于中国改革中出现的矛盾和问题，他们不是用改革发展的办法去认识，而是认为要否定来路，拥抱西方，与国际接轨，这才是深化改革的正确路径。

二、历史虚无主义的本质及其危害

1. 历史虚无主义的本质

在理论准则上，历史虚无主义的实质是个人主义、自由主义、相对主义和虚无主义；在哲学观念上，历史虚无主义的实质是后现代主义哲学表现，是一种彻头彻尾的唯心主义历史观，其批判的对象就是马克思的历史唯物主义；在政治后果上，历史虚无主义的实质是通过否定历史进而否定马克思主义的指导地位、否定中国共产党的领导，否定社会主义制度。归根到底，历史虚无主义是一种形而上学式的主观主义和唯心主义。

第一，囿于历史片段，是一种片面主义历史认识论。

列宁曾经指出："在社会现象方面，没有哪种方法比胡乱抽象出一些个别事实和玩弄实例更普遍、更站不住脚的了。挑选任何例子是毫不费劲的，但这没有任何意义，或者有纯粹消极的意义，因为问题完全在于，每一个别情况都有其具体的历史环境。如果从事实的整体上、从它们的联系中去掌握事实，那么，事实不仅是'顽强的东西'，而且是绝对确凿的证据。如果不是从整体上、不是从联系中去掌握事实，如果事实是零碎的和随意挑出来的，那么，它们就只能是一种儿戏，或者连儿戏都不如。"[1] 历史虚无主义者所犯的就是列宁所批评的这种错误。历史虚无主义者是不承认历史事件、历史时期、历史过程之间的有机联系，在其眼中，整体化、连贯性、有序性的历史并不存在，历史只不过是很多大大小小的故事无原则堆砌和拼凑的结果，那种认为"进步是历史发展的主流"的观点根本不成立，历史中到处充斥的是权力之间的明争暗斗和相互算计，根本就没有什么大义道德可言。所以，"以小见大""窥一斑而知全豹""一叶知秋"的历史认识论对于丰富历史认识也有帮助，但是，历史虚无主义力求用历史片段来定义历史。任何事物都是一定发展阶段的事物，任何事实都是一定时空环境下的事实，孤立的、静止的、没有联系的历史事实根本不存在，在历史中，"一点"是历史发展过程中的"一点"，是构成整个事物全局的"一点"，这才是全面的历史观。

第二，渲染历史想象，是一种主观主义历史认识论。

后人往往有一种"特权"，这就是，我们可以用自己的思想、意

---

[1] 《列宁全集》第 28 卷，人民出版社 1990 年版，第 364 页。

识、观念对过去的历史事实进行因果解释。历史虚无主义显然放大了这种主观效应。在其看来，历史可以被任意的想象，时下盛行的“历史穿越剧”和“后宫争宠戏”便是这种历史想象的现实版本。在这些历史穿越剧中，原有的历史时期被打乱，很多有确定生卒年份的历史人物和历史事件被打乱，历史中充斥着各种鬼怪和神秘力量，而人民群众的主体地位和实践力量完全被遮蔽。另外，一些人在名人传记上大做文章，以此达到颠覆史实，重构历史的目的。问题是：那些与历史当事人有直接或间接关系的“口述者们”的“口述史”有多大的可信度？即使是历史当事人的自我回忆和陈述，又有多大的可信度？时下，当代史学的微观化、生活化、话语化、个人化的趋势日益明显，但是，微观毕竟是微观，话语毕竟是话语，个人毕竟是个人，它们都是局部和表象，它能否替代宏观和本质？自我传记是否等于历史本身？这些都是需要严肃对待和谨慎思考的重大问题。比如，蒋介石在其自传中对“自身的无奈”的陈述能否得出蒋介石是一个民族英雄的结论？各种对汪精卫青年时期“正能量”的挖掘能否掩盖其出卖国家和民族利益的汉奸立场？这或许是我们在历史阅读中必须保持的基本价值立场，丧失了这一立场，历史将会变成没有原则、没有标准、没有是非的诡辩游戏。

第三，无视辩证思维，是一种关于历史的形而上学。

尽管我们可以根据人的思想、情感、欲望、意志、服饰、饮食、建筑、法律和政治等其他维度对历史进行解释，但是，物质生产活动是这些东西的根基，只有基于这一维度，我们才能获得对人类历史的本质解释。正是因为将生产活动和利益分配视作整个历史发展的唯物主义基础，所以，马克思主义认为，至今有文字记载的历史都是阶级斗争的历史，每个人尽管有某种超阶级的情怀，但是在本质上，其都受制于某种阶级立场和阶级关系，推动历史发展的是生产力和生产关系、经济基础和上层建筑之间的辩证运动，而不是我们的主观想象抑或什么经久传世的道德文章。所以，恩格斯说：“唯物主义历史观及其在现代无产阶级和资产阶级之间的阶级斗争上的特别应用，只有借助辩证法才有可能。”[1] 只有基于这一维度，我们才能获得一部人类发展的“大历史”，而不是醉心于男欢女爱、尔虞我诈的“小历史”。

2. 历史虚无主义的危害性

历史虚无主义最大的危害就是让人否定自己过去，否认历史的基础、本质、动力、方向和意义，使人变成了无根的存在。进一步说就是：①它会消解主流的历史观念，搞乱人们的思想，模糊人们的价值判断力和历史方位感；②它会解构主流的历史叙述，动摇我们的历史知识体系；③它会动摇中国共产党的领导，动摇我们的立国之本和中国特色社会主义道路；④它会迎合西方中心主义价值观，使中国坠入西方中心主义的泥潭；⑤它会矮化中国的优秀传统文化，消解我们的文化身份和文化认同，瓦解我们的民族自尊心和自豪感，削弱中华民族伟大复兴的思想基础。

三、反对历史虚无主义

马克思的唯物史观是中国共产党人理解历史、评价历史、叙述历史的基础。在此指导下，我们既要尊重历史事实，尊重历史人物，尊重历史规律，自觉顺势而为，勇立历史潮头，也要培养历史眼光，抓住历史机遇，增强历史信心，发挥主观能动性，以达到推动历史发展，实现历史使命的目的。

1. 对历史虚无主义问题的定性

正是因为历史虚无主义要歪曲和否定中华民族五千多年的文明史，歪曲和否定中国人民近代以来一百七十多年的革命史，歪曲和否定中国共产党九十多年的奋斗史，歪曲和否定中华人民共和国六十多年的发展史，这是对唯物史观的直接违背，所以，中国共产党人从来都反对历史虚无主义。

早在 1938 年 10 月，毛泽东同志就曾经提醒党的干部，“学习我们

[1] 《马克思恩格斯文集》第 3 卷，人民出版社 2009 年版，第 495—496 页。

的历史遗产，用马克思主义的方法给以批判的总结，是我们学习的另一任务。我们这个民族有数千年的历史，有它的特点，有它的许多珍贵品。对于这些，我们还是小学生。今天的中国是历史的中国的一个发展；我们是马克思主义的历史主义者，我们不应当割断历史。从孔夫子到孙中山，我们应当给以总结，承继这一份珍贵的遗产。”[1] 在此，毛泽东尊重历史事实、重视历史经验的态度十分清楚。1956 年 9 月 25 日，在会见拉丁美洲党代表时，毛泽东指出：“中国革命的经验，建立农村根据地，以农村包围城市，最后夺取权城市的经验，对你们许多国家不一定都适用，但可供你们参考。我奉劝诸位，切记不要硬搬中国的经验。任何外国的经验，只能作参考，不能当作教条。一定要把马克思列宁主义的普遍真理和本国的具体情况这两个方面结合起来。”[2] 可见，毛泽东同志特别注重具体问题具体分析，反对教条主义和机械主义的历史观。

1985 年 4 月，邓小平同志总结指出，“中国搞社会主义走了相当曲折的道路。二十年的历史教训告诉我们一条最重要的原则：搞社会主义一定要遵循马克思主义的辩证唯物主义和历史唯物主义，也就是毛泽东同志概括的实事求是，或者说一切从实际出发。”[3] 1990 年，在对毛泽东同志的历史功过进行评价的问题上，小平同志特别指出：“对毛泽东同志的评价，对毛泽东思想的阐述，不是仅仅涉及毛泽东同志个人的问题，这同我们党、我们国家的整个历史是分不开的。”[4] 从这种整体的历史思维出发，邓小平进一步告诫，“对于错误，包括毛泽东同志的错误，一定要毫不含糊地进行批评，但是一定要实事求是，分析各种不同的情况，不能把所有的问题都归结到个人品质上。毛泽东同志不是孤立的个人，他直到去世，一直是我们党的领袖。对于毛泽东同志的错误，不能写过头。写过头，给毛泽东同志抹黑，也就是给我

[1] 《毛泽东选集》第 2 卷，人民出版社 1991 年版，第 533—534 页。
[2] 《毛泽东选集》第 5 卷，人民出版社 1977 年版，第 307—308 页。
[3] 《邓小平文选》第 3 卷，人民出版社 1993 年版，第 118 页。
[4] 《邓小平文选》第 2 卷，人民出版社 1994 年版，第 299 页。

们党、我们国家抹黑。这是违背历史事实的。”❶ 1987 年，针对当时大学生的自由化情绪和思潮，邓小平在会见外宾时专门强调，要用中国的历史教育青年，要使青年学生知道是历史选择了中国共产党和中国的社会主义道理，这个道理必须通过历史去理解，“青年人不了解这些历史，我们要用历史教育青年，教育人民。”❷

1989 年 12 月，江泽民同志指出：“资产阶级自由化思潮的泛滥，资产阶级的‘民主’‘自由’‘人权’口号的蛊惑，利己主义、拜金主义、民族虚无主义和历史虚无主义的滋长，严重侵蚀党的肌体，把党内一些人的思想搞得相当混乱。”❸ 在此，他把民族虚无主义和历史虚无主义并列提出，这主要是指以电视政论片《河殇》为代表的歪曲中华民族历史、否定中华民族优秀传统文化的错误思潮。1990 年 1 月，李瑞环同志在全国文化艺术工作情况交流座谈会上批判了对待民族文化的两种错误态度，即“一种是毫无批判地兼收并蓄，食古不化；另一种是全面否定民族文化的历史虚无主义，鼓吹‘全盘西化’。”❹

胡锦涛同志指出：“在新形势下，我们要更加重视学习历史知识，更加注重用中国历史特别是中国革命史来教育党员干部和人民。不仅要学习中国历史、还要学习世界历史，不仅要有深远的历史眼光、而且要有宽广的世界眼光。”他强调：“只有铭记历史，特别是铭记我们党领导人民创造的中国革命史，才能深刻了解过去、全面把握现在、正确创造未来。”2010 年 6 月，中央印发的《关于加强和改进新形势下党史工作的意见》明确提出，“国际国内意识形态领域许多问题涉及党的历史。正确认识和对待党的历史，关系党的形象，关系党的生命，关系国家长治久安。同年 7 月 21 日，全国党史工作会议召开，胡锦涛同志会见与会代表，时任中共中央政治局常委、中央书记处书记、国家副主席的习近平同志作了重要讲话，他讲了五个问题：（一）进一步提高

❶ 《邓小平文选》第 2 卷，人民出版社 1994 年版，第 301—302 页。
❷ 《邓小平文选》第 3 卷，人民出版社 1993 年版，第 206 页。
❸ 《江泽民文选》第 1 卷，人民出版社 2006 年版，第 94 页。
❹ 参见《十三大以来重要文献选编》（中），人民出版社 1991 年版，第 274 页。

对党史工作重要性的认识；（二）坚持实事求是研究和宣传党的历史；（三）加强党的历史的学习和教育；（四）努力提高党史工作的科学化水平；（五）切实加强对党史工作的领导。其中，在第二个问题上，他特别指出，坚持实事求是研究和宣传党的历史，要牢牢把握党的历史发展的主题和主线、主流和本质，旗帜鲜明地揭示和宣传中国共产党在中国的领导地位和核心作用形成的历史必然性，揭示和宣传中国人民走上社会主义道路的历史必然性，揭示和宣传通过改革开放和社会主义现代化建设实现中华民族伟大复兴的历史必然性，揭示和宣传党在革命、建设、改革各个历史时期领导人民所取得的伟大胜利和辉煌成就，揭示和宣传党在长期奋斗中积累的宝贵经验、形成的光荣传统和优良作风，坚决反对任何歪曲和丑化党的历史的错误倾向。可见，研究党史既要遵循党性原则和政治责任，也要敢于与错误倾向和错误思潮做斗争。

2. 对历史虚无主义的批判

习近平同志非常重视历史的以史鉴今、资政育人的作用，而对历史虚无主义的批判也是他一贯的鲜明态度。

早在 2010 年的全国党史工作会议上，他就指出，中国共产党的历史是一部丰富生动的教科书，用党的历史教育党员、教育干部、教育群众尤其是教育青少年，是党史工作服务党和国家大局的重要内容。他强调，历史虚无主义以所谓“重新评价”为名，歪曲近现代中国革命历史、党的历史和中华人民共和国历史；历史虚无主义的要害，是从根本上否定马克思主义指导地位和中国走向社会主义的历史必然性，否定中国共产党的领导；必须警惕历史虚无主义的影响，对于历史虚无主义中有代表性的观点，要摆事实、讲道理，旗帜鲜明地予以批驳。习近平同志的这一重要讲话，不仅是党史工作的指南针，也成为反对历史虚无主义的纲领性文献。

2011 年 9 月 1 日，在中央党校秋季学期的开学典礼上，他专门以“领导干部要读点历史”为主题作了重要讲话。他指出，重视对历史的学习和对历史经验的总结与运用，善于从不断认识和把握历史规律中找到前进的正确方向和正确道路，这是我们党九十年来之所以能够领导中国革命、建设、改革不断取得胜利的一个重要原因；中国共产党的历史是中国近现代以来历史最为可歌可泣的篇章，学习中国近现代史要特别注意学习中国共产党的历史；在学习历史知识的时候，要坚持马克思主义的历史观和方法论，要具有历史意识和文化自觉，自觉按照历史规律和历史发展的辩证法办事。

十八大以来，以习近平同志为总书记的党中央对历史虚无主义的批判性姿态更加鲜明。2013 年 1 月，在新进中央委员会的委员、候补委员学习贯彻党的十八大精神研讨班上，习近平总书记深刻指出："苏联为什么解体？苏共为什么垮台？一个重要原因就是意识形态领域的斗争十分激烈，全面否定苏联历史、苏共历史，否定列宁，否定斯大林，搞历史虚无主义。"❶ 在这次讲话中，他进一步指出了国内外敌对势力"拿中国革命史、新中国历史来做文章，竭尽攻击、丑化、污蔑之能事"的根本目的，"就是要搞乱人心，煽动推翻中国共产党的领导和我国社会主义制度"❷。这是对历史虚无主义的进一步揭露和批判。

在 2013 年 12 月，纪念毛泽东同志诞辰 120 周年座谈会上，习近平同志发表了重要讲话，这篇讲话基本是将毛泽东同志的一生与整个中华民族近代的历史遭遇和中国共产党人的历史担当结合在一起进行阐述。在阐述毛泽东晚年错误时，他指出，对历史人物的评价，应该放在其所处时代和社会的历史条件下去分析，不能离开对历史条件、历史过程的全面认识和对历史规律的科学把握，不能忽略历史必然性和历史偶然性的关系。不能把历史顺境中的成功简单归功于个人，也不能把历史逆境中的挫折简单归咎于个人。不能用今天的时代条件、发展水平、认识水平去衡量和要求前人，不能苛求前人干出只有后人才能干出的业绩来。革命领袖是人不是神。尽管他们拥有很高的理论水平、丰富的斗争经验、卓越的领导才能，但这并不意味着他们的认识

---

❶ 《十八大以来重要文献选编》（上），中央文献出版社 2014 年版，第 113 页。

❷ 同上注。

和行动可以不受时代条件限制。不能因为他们伟大就把他们像神那样顶礼膜拜，不容许提出并纠正他们的失误和错误；也不能因为他们有失误和错误就全盘否定，抹杀他们的历史功绩，陷入虚无主义的泥潭。[1] 可见，结合历史环境去认识和评价历史人物才是抵制历史虚无主义的正确方法。

2014 年 9 月，在纪念孔子诞辰 2565 周年国际学术研讨会上，习近平同志表达了中国共产党人对待民族历史和传统文化的态度，同时，也对历史虚无主义进行批判。他指出，当代中国是历史中国的延续和发展，当代中国思想文化也是中国传统思想文化的传承和升华，要认识今天的中国、今天的中国人，就要深入了解中国的文化血脉，准确把握滋养中国人的文化土壤。中国共产党人不是历史虚无主义者，也不是文化虚无主义者。[2]

2015 年 10 月，习近平在文艺工作座谈会上，针对调侃崇高、扭曲经典、颠覆历史，丑化人民群众和英雄人物的不良文艺倾向，他以批评的语气指出，文艺不能在市场经济大潮中迷失方向，不能在为什么人的问题上发生偏差，否则文艺就没有生命力；人民既是历史的创造者，也是历史的见证者，既是历史的“剧中人”，也是历史的“剧作者”，文艺要反映好人民心声，就要坚持为人民服务，为社会主义服务这个根本方向；文艺工作者要为历史存正气，为世人弘美德，为自身留清名；只有坚持从历史走向未来，从延续民族文化血脉中开拓前进，我们才能做好今天的事业。

2016 年 5 月，在哲学社会科学工作座谈会上，习近平同志指出，只有真正弄懂了马克思主义，才能在揭示共产党执政规律、社会主义建设规律、人类社会发展规律上不断有所发现、有所创造，才能更好识别各种唯心主义观点、更好抵御各种历史虚无主义谬论。我们说要

---

[1] 习近平：“在纪念毛泽东同志诞辰 120 周年座谈会上的讲话”，《人民日报》2013 年 12 月 27 日。

[2] 习近平：“在纪念孔子诞辰 2565 周年国际学术研讨会暨国际儒学联合会第五届会员大会开幕会上的讲话”，《人民日报》2014 年 9 月 25 日。

坚定中国特色社会主义道路自信、理论自信、制度自信，说到底是要坚定文化自信。文化自信是更基本、更深沉、更持久的力量。历史和现实都表明，一个抛弃了或者背叛了自己历史文化的民族，不仅不可能发展起来，而且很可能上演一场历史悲剧。可见，马克思主义是抵制历史虚无主义的方法论武器，而增强文化自信更是对历史虚无主义的一种强力抵制。

总体可见，对于历史虚无主义谬论，习近平同志的批判性态度非常鲜明，这也是他在强调学习历史知识、培养历史思维、提升历史素养过程中所一贯强调的观点，理解这一点，对于我们把握习近平同志的历史思维有重要意义。

3. 走出历史虚无主义“迷雾”

历史虚无主义是一种错误的历史理论和历史方法，其在理论层面、政治层面和社会层面的消极影响非常大。我们认为，要走出历史虚无主义迷雾，要重点认识和处理好三方面关系。

第一，要认识和处理好普遍规律和具体历史状况之间的关系。

历史虚无主义观点认为，中国的社会本可以走上“三权分立”和“民主共和”的道路。这是因为：其一，只有这条道路才能使中华民族免受战争之祸，作为一个华夏儿女，谁都不愿意自己的民族流血牺牲；其二，我们革命来革命去最终还不是为了实现民主、自由和平等，因为这是现代化的基本理念，所以，中国共产党的革命斗争其实都是“瞎胡闹”和“穷折腾”。

上述观点表面上看起来情词恳切，义正辞严，但是，我们更想追问的是：民主是谈出来的，还是打出来的？“三权分立”的前提首先是“有三种权力”，在何种前提下，这三种权力的代表才会平心静气地坐在谈判桌前来商讨民主并兑现和平？而在实际的运行过程中，如何确保民主不走样？此外，革命是一种主观愿望，还是一种客观结果？我们不愿意流血牺牲，我们的祖先就愿意吗？

依照马克思的社会基本矛盾理论，社会发展无非是生产主体和分配主体之间平衡过程，也即“做蛋糕者”和“分蛋糕者”之间的利益平衡过程，所以，历史不是用嘴说出来的，而是用手干出来的，我们可以对历史说三道四，但是，我们说话的动机和目的就是自身社会存在的体现。马克思认为，历史发展的动力机制只有一个，那就是生产状况和分配状况之间的矛盾运动，当一个社会的分配主体和生产主体的权益基本对等时，社会就相对和谐安定，否则就会动荡不安。因而，社会基本矛盾是“源”，革命或改革是“流”，前者是历史的本质，后者是历史的表象。改革或革命来自于每一社会历史时期生产力和生产关系间的适应状况，不是几个所谓的“聪明人的灵机一动”或者“大人物的舍生取义”所能改变的，我们应该从社会财富和权力运行的自身状况中去理解革命或改革，而不是相反。

第二，要处理好主观愿望和历史真实之间的关系。

电视剧《走向共和》播出后，很多人认为，这部电视剧塑造了一个“真实的”“全面的”李鸿章形象，原来的历史教科书中将李鸿章定位为“卖国贼”的说法有失偏颇。孰对孰错？我们不妨先看看 1894 年 12 月 13 日伦敦《每日新闻》对当时清朝政府官员状况的一则报道，该报道称：“铁路的引进和防御工事以及现代化的武器装备，这些在一夜之间给大清国的官员们带来大量侵吞公款的机会，只要外国公司引诱或贿赂他们，再陈旧的弹药和再老掉牙的枪支他们都会购买。上周，有一家商号以每支 3 两白银的价钱为清政府买进了一大批几乎报废的毛瑟枪，指望从清政府那里多拿些回扣，他们预计清政府能支付每支 80 两白银，结果他们的如意算盘这回落空了，只得到每支 9 两白银。这些让前线士兵使用的枪支都是什么货色？外观上还像那么回事儿，但托盘根本没有加工好，枪口也锉得十分粗糙，螺丝上的敷衍了事，大多是连螺丝帽都掉了，以致连接处都松开了。而此前，曾国藩的弟弟曾国荃、曾国藩的学生李鸿章无不中饱私囊。记者了解到，曾国荃攻下南京后，往老家运东西的船队在湘江上走了一个月，把大清国的国库都快要搬回来了。而老百姓私下称李鸿章为‘李合肥，真的肥’，据说李家在合肥城里拥有一条街的店铺。”[1] 这是一则当时的外国记者所写的报道，尽管它不能直接佐证李鸿章的卖国贼身份，但是，包括李鸿章在内的大批晚清官员贪污腐败则是不争的事实，而这恰恰是晚清政府病入膏肓的一个缩影，可以这个问题在剧中是怎么表现的呢？我们看到，这部电视剧完全塑造了一个励精图治、廉洁自律的李鸿章形象。在剧中，李鸿章完全是一个将民族大义和国家兴亡扛在双肩的实干家，所以，他反对翁同龢的坐而论道，力荐袁世凯为国练兵，严查走私的火眼金睛，学习欧洲的图强之心，斥责部下的徇私舞弊，所有这些情节和场景无不让人感到李中堂的拳拳图强之心，以至于我们在剧中根本看不到李鸿章中饱私囊的贪欲之举。可是，这是历史的真实吗？如果是，那么1894年英国记者的报道难道有假？孰真孰假，我想历史自身已经有明确的答案。

毛泽东同志曾指出：“在一个半殖民地的、半封建的、分裂的中国里，要想发展工业，建设国防，福利人民，求得国家富强，多少年来多少人做过这种梦，但是一概幻灭了。”[2] 若以《走向共和》这类历史题材为例，我们以为，该剧对李鸿章的塑造有过头之嫌，其所表现的一心为国并不符合历史的真实，这是篡改历史的历史虚无主义行径。历史的发展恰恰佐证了毛泽东同志的说法，没有人民的精诚团结，就没有强大的国力；没有独立的主权，就没有独立的外交。没有科学的制度，官员再大的努力都无济于事，制度是源，官员是流，如果颠倒了这个顺序再去叙说历史，那么，我们历史必然会被任意戏说甚至胡说，这种戏说版本的历史只会荼毒后代，戕害民族。

第三，要把握好解放思想和理论创新的相对限度。

实事求是中国共产党革命、建设和改革的思想路线，只要坚持了这个路线，我们的工作都会好上加好，反之，如果偏离了这个路线，们的思想和行为都会犯错误，各式各样的主观主义、教条主义、命令

[1] 转引自安子等编译：《回头看中国》，九州出版社2014年版，第187页。

[2] 《毛泽东选集》第3卷，人民出版社1991年版，第1080页。

主义、官僚主义和虚无主义都是这种思想错误的有力表现。

讲实事求是就要解放思想，因为“实事”总是会发展变化的，只不过有时是量的变化，有时是质的变化，我们的思想要想不出错只有坚持实事求是的原则，即根据变化了的实际来调整或改变自己的思想认识，以求得出科学合理的认识成果。但是，解放思想有没有限度？如果有，这个限度在哪里？这个限度是人为划定的，还是有什么客观标准？我们认为，这是克服历史虚无主义所必须面对的深层问题。

马克思主义是科学的世界观和方法论，这一点既不是马克思本人的自我吹捧，也不是理论工作者的笔墨崇拜，而是被人类社会历史正反两个方面反复佐证的科学真理。尽管时代已经发生了巨大的变化，人类今日所拥有的信息量和生产力似乎已经超越了以往任何一个时代，但是，生存依然是人类的第一命题。为此，人类就需要在社会领域进行持续不断的生产和交往活动，资本既是一种生产的逻辑，也是一种交往的逻辑，资本与权力的关系人类始终没有处理好，而且，我们更要看到，作为一个后发展起来的国家，中国在国际社会很多时候必须学会隐忍，真正的人类大同远未到来，西方一些发达国家针对中国的“和平演变”策略并未松动。为了开放发展，我们鼓励国人走出国门，学习西方，但是，学习西方不是为了照搬西方，尤其是其先进的理论和制度，在此，最根本的问题是既要善于学懂和弄通，也要善于吸收和转化，否则，盲目的解放思想和理论创新最后不过是一场话语游戏和思想闹剧，这种虚无化中国的做法对于发展中国，解决中国问题毫无益处，至多只能增加几名无聊的思想贩运者罢了。

结　语　历史是最好的老师

古希腊史学家波里比阿曾说过："人可通过两种方式改变自己的状况，或是通过自己的经验，或是通过他人的经验。自己吃一堑，固然能长一智，不过从他人的灾祸中亦可收到教益，而且所花代价较小。前一条路没人自愿去走，因为取得教训要付出艰辛、历经风险；而第二条路却是大家都乐意走的，因为在这条路上可以获得教益而又无须付出代价。为此，任何人都可以指望从实用历史中总结经验，这些经验乃是最佳的生活教科书；它使我们不付代价就可以对一切事件和一切时代中的善和有益的事物作出正确的判断。"❶ 可以看出，从人类有历史的时间开始，史学家们就在提醒我们要注意历史的经验，以便让自己走得更稳、更远。

马克思曾经说："一切发展中的事物都是不完善的，而发展只有在死亡时才结束。"❷ 这句话道出了生活和历史的辩证法。的确，不完美是这个世界的常态，历史所呈现的恰恰是这种不完美，所以，在十分有限的生命周期内，我们每个人对待历史的心态往往显得非常复杂。透过历史，有的人想"探秘"，即找寻到历史之为历史的更为全面和翔实的材料补充；有的人"揭短"，即发现既定的历史叙述背后的对立性和否定性依据；有的人想"求真"，即梳理总结诸多历史文案以求得对历史规律的真正把握；有的人想"求解"，即通过警示性、训诫性和启

❶ 转引自亨利希·库诺：《马克思的历史、社会和国家学说》，袁志英译，上海译文出版社 2006 年版，第 18 页。

❷ 《马克思恩格斯全集》第 1 卷，人民出版社 1956 年版，第 60 页。

迪性事例以求得对老大难问题的彻底解决；有的人想“图强”，即从正反两方面的历史材料出发以求得对未来的把握和发展。我们以为，所有这些关于历史的想法都非常正常，它们大致代表了我们思考历史的基本样式，但是，无论我们如何思考，历史依然是历史，它依然会遵循自身的辩证法则自行展开，当然，更为重要的是，我们说的历史依然是人的历史，解析历史其实就是在解析人类自己，只要人存在，人类关于历史和自我之间的辩证理解就依然会向前延伸，而这恰恰印证了重视和应用历史思维的普遍性和重要性。

作为一个诞生于悠久历史传统的东方社会主义国家的马克思主义政党，中国共产党有鲜明的历史思维，这一思想方法是我们理解民族复兴问题的思想基础，当然，这中间既包括中国共产党团结带领中国人民结束屈辱压制的反抗史和革命史，也包括中国共产党与人民一道为实现社会主义现代化而展开的经济建设、政治建设、文化建设、社会建设和生态文明建设的创业史和奋斗史，所以，坚定理论自信其中就包含着对马克思主义历史观的自信，这既是养成历史思维的基本要求，也是在当前的意识形态斗争中防范和化解历史虚无主义的理论武器。

习近平同志曾经指出，“不忘本来才能开辟未来，善于继承才能更好创新。对历史文化特别是先人创承下来的价值理念和道德规范，要坚持古为今用、推陈出新，有鉴别地加以对待，有扬弃地予以继承，努力用中华民族创造的一切精神财富来文化人、以文育人。”[1] 历史是最好的老师，历史是一个民族、一个国家形成、发展及其盛衰兴亡的真实记录，是前人的“百科全书”，是其各种知识、经验和智慧的总汇。在历史面前，我们是个小学生，我们只有先重视并善于学习前人的智慧，我们才能懂得“有所为”与“有所不为”之间的关系，所以，学习和总结历史，借鉴和运用历史经验，是我们党一贯重视并倡导做好领导工作的一个重要的思想和方法。

[1] 习近平著：《习近平谈治国理政》，外文出版社2014年版，第164页。

在历史面前，中国共产党人始终是清醒的、自觉的、谨慎的，尤其是在长期执政的条件下，我们必须深化对共产党执政规律、社会主义建设规律和人类社会发展规律的认识，既要熟悉中国历史，也要熟悉世界历史，以宽广的历史胸襟和卓越的历史思维将中国特色社会主义事业推向前进。

参考文献

[1] 马克思恩格斯选集（1~4卷）[M]. 北京：人民出版社，1995.

[2] 马克思恩格斯文集（1~10卷）[M]. 北京：人民出版社，2009.

[3] 毛泽东选集（1~4卷）[M]. 北京：人民出版社，1991.

[4] 邓小平文选（1~2卷）[M]. 北京：人民出版社，1994.

[5] 邓小平文选（3）[M]. 北京：人民出版社，1993.

[6] 习近平. 谈治国理政 [M]. 北京：外文出版社，2014.

[7] 习近平. 谈治国理政（第二卷）[M]. 北京：外文出版社，2017.

[8] 中国共产党第十八次全国代表大会文件汇编 [C]. 北京：人民出版社，2012.

[9] 中国共产党第十九次全国代表大会文件汇编 [C]. 北京：人民出版社，2017.

[10] 中共中央宣传部. 习近平新时代中国特色社会主义思想三十讲 [C]. 北京：学习出版社，2018.

[11] 中共党史研究研究室. 中国共产党历史（第1卷）[M]. 北京：中共党史出版社，2010.

[12] 中共党史研究研究室. 中国共产党历史（第2卷）[M]. 北京：中共党史出版社，2011.

[13] 彭咏梅，树军. 中国共产党历史大事记：1919—2011 [G]. 成都：四川人民出版社，2011.

[14] 阿里夫·德里克. 革命与历史：中国马克思主义历史学的起源，1919—1937 [M]. 南京：江苏人民出版社，2004.

[15] 陈生玺. 数风流人物：中华先哲修身之道 [G]. 杭州：浙江古籍出版社，2012.

[16] 谢春涛. 历史的轨迹：中国共产党为什么能？ [G]. 北京：新世界出版

社，2012.
[17] 邹诗鹏. 三十年社会与文化思潮［M］. 上海：复旦大学出版社，2012.
[18] 邹诗鹏. 虚无主义研究［M］. 北京：人民出版社，2016.
[19] 刘森林. 物与无：物化逻辑与虚无主义［M］. 南京：江苏人民出版社，2013.
[20] 梁柱. 历史虚无主义评析［M］. 北京：社会科学文献出版社，2012.
[21] 李殿仁. 历史虚无主义：一种思想意识形态的鸦片［N］. 解放军报，2015：6（9）.
[22] 狄英娜. 拨开历史虚无主义思潮的迷雾［J］. 求是，2015：6（12）.
[23] 田居俭. 同错误思潮斗争是马克思主义发展的规律［J］. 求是，2015：6（15）.
[24] 李铁映. 要有自己的历史观［N］. 中国社会科学报，2015：2（28）.
[25] 黄苇町. 苏共亡党二十年祭［M］. 南昌：江西高校出版社，2013.
[26] 李敏，高风. 真实的毛泽东：毛泽东身边工作人员及有关同志的回忆［G］. 北京：中央文献出版社，2006.
[27] 王先俊，周良书，张家芳. 邓小平与中共历史学［M］. 合肥：安徽人民出版社，2005.
[28] S. H. 里格比. 马克思主义与历史学：一种批判性的研究［M］. 南京：译林出版社，2012.
[29] 李杰. 历史进程与历史理性［M］. 北京：人民出版社，2010.
[30] 王学典. 20世纪中国史学评论［M］. 济南：山东人民出版社，2002.

附件1

民族复兴的哲学基础

摘　要：马克思主义在近代中国的传入为解决中国百年以来自身所面临的特殊问题奠定了基础。中国的革命与建设重新塑造并巩固了中国的上层建筑，而中国的改革开则进一步夯实了中国的经济基础。新时代中国特色社会主义致力于中国的全面发展，以及中国的治理体系和治理能力的创新，这为最终实现中华民族的伟大复兴、建立现代化的社会主义强国提供了政治保证。中华民族一个世纪以来全面发展的历史过程与资本逻辑的世界化过程总体呼应，是马克思主义社会基本矛盾理论所揭示的社会发展机制的现实体现。鉴于此，马克思主义理论是我们理解和推进中国道路的哲学根基。

关键词：民族复兴　哲学基础　历史唯物主义

在1840年以来的近代历史格局之中，中国社会的历史逻辑、中国民众的实践逻辑与马克思主义中国化的理论逻辑形成了总体性对应关系。在此，历史逻辑表现为“重塑上层建筑—强大经济基础—实现全面发展”的伟大历史跨越；实践逻辑表现为中华民族“摆脱弱—告别穷—走向强”的伟大历史实践；理论逻辑表现为马克思主义中国化的三大理论成果，即毛泽东思想、中国特色社会主义理论体系和习近平新时代中国特色社会主义思想。这三大逻辑在筑就中国特色社会主义道路的同时，也展现了民族复兴的历史唯物主义基础。

一、站起来：重塑上层建筑，形成了毛泽东思想

民族复兴首先是作为生命机体的民族站立，这是由晚清社会开始的中华民族被动挨打的历史处境所决定的。面对这种处境，中华民族的先进分子自始就意识到了革命斗争的重要性，可是，无论是早期的三元里人民抗英斗争，还是太平天国的农民起义，无论是孙中山领导的辛亥革命，还是五四新文化运动，所有这些社会抗争既缺乏科学的理论指导，也缺乏有效的阶级动员，它们更多是一种社会学意义上的“刺激—反应”模式的自然表征，或者说，这种抗争并未实质地撼动传统的专制主义体制从而为工商文明的发展腾出空间，因而，在弱化道德评价和文化冲突的意义上，我们应该看到，中华民族在近代的不幸遭遇其实与上层建筑层面的封闭直接相关。在此意义上，在中国共产党自觉扛起民族复兴使命之前的其他类型的对外抗争也具有同样的性质和结果。

毛泽东曾风趣地说：“没有天生下来就是共产党人的。一个人初生下来并没有什么任务，母亲生儿子并不是要他当军人，当将军，这是社会历史条件造成的。”❶ 中国共产党诞生于中华民族的罹难之际，这种处境决定了其任务首先是政治革命和军事斗争，所以，所谓的“站起来”首先是政治上赢得独立，进而通过这种政治独立彻底涤荡旧式的上层建筑及其军事武装。基于此，我们急需要一种科学理论去解析当时中国社会的阶级分化状况、武装割据状况和政治革命道路，这便是我们所谓的“马列主义传入中国使中国革命的面貌变得焕然一新”的宏大背景。更为根本的是，马克思主义社会矛盾分析方法为中国共产党人提供了一套解析民族现实遭遇、解决民族存亡危机的理论框架，特别是在分析中国社会的生产状况、阶级构成和革命目的方面，马克思的理论要比任何理论都来得优越。当然，我们对马克思主义的信仰也不是天生就有，而是经过了长期革命战争的历练和反复的理论比对

---

❶ 《毛泽东文集》第6卷，人民出版社1999年版，第359页。

之后才逐渐巩固的，因此，直到 1948 年，毛泽东同志才明确指出，中国“民主革命的任务，就是要改变旧的社会经济形态、旧的生产关系以及竖立在其上面的一切社会的、政治的、精神的旧的建筑物，建立新的社会经济形态、新的生产关系以及竖立在其上面的一切社会的、政治的、精神的新的建筑物。”❶ 毛泽东的这段话明显受马克思的社会基本矛盾理论的影响。由是观之，新民主主义革命的确完成了对中国社会上层建筑的重塑，从而使中华民族在思想气质和政治格局上实现了真正的站立。

1. 思想领域：以马克思主义为精神指引

从传播学的视角看，以李大钊等人为代表，上世纪 20 年代马克思主义在中国的传播主要侧重于历史唯物主义。从 30 年代开始，这种理论侧重主要是辩证唯物主义，其开创者是李达。在此基础上，毛泽东实现了历史唯物主义和辩证唯物主义的集大成以及马克思主义中国化的第一次理论飞跃，正是因此，毛泽东思想才产生了巨大的时代效应，它不仅广泛传播了马克思主义立场、原理和方法，而且有效地动员、组织和武装了当时中国社会的诸多革命力量，它意味着，马克思主义在中国已经被做实，它在改变中国共产党人思维方式和行动方式的同时也为中国革命的展开并最终取得胜利提供了有效的精神指引。

毛泽东的马克思主义观主要集中在思想改造和实践应用两个层面。在理论层面，毛泽东是个忠诚的马克思主义理论家，这充分体现在他对实事求是精神的强调、对辩证思维的重视和对群众史观的推崇；在实践层面，毛泽东是个卓越的马克思主义革命家，这充分体现在他对中国社会性质的定位、对中国社会阶级状况的研判和对群众路线的重视。这种知行合一的精神不仅对于马克思主义在中国大地的落地生根起到了巨大的历史推动作用，而且让中国人的文化理解和信仰体系得到了更新。易言之，用马克思主义思想理论重塑中国人的精神世界，

---

❶ 《毛泽东文集》第 5 卷，人民出版社 1996 年版，第 58 页。

毛泽东比同时代的任何人都做得到位，来得彻底，此可谓中国革命成功的精神条件。在此条件下，处于被动挨打境地的中国民众在心理和精神层面告别了一种压抑已久的自卑感和自我否定意识，从而为积极主动地进行革命斗争提供了思想基础。

2. 政治领域：建立了人民代表大会制度

“为了谁”的问题始终是政治生活的第一命题，这个问题明确了，“我是谁”的问题才能得到清楚的回答。当然，如果只停留在这个层面，我们还难以跳出一般的人性论讨论，只有以此问题为突破口，特别是将人置于身处其中的经济关系中进行讨论时，我们才能领会到马克思主义人学的存在论意义。更进一步说，只有将马克思主义人学作为政治生活的第一原则并进行相应的制度设计和政治实践时，以人民利益为根本指向的人民代表大会制度的政治效应才能得到彰显。

毛泽东先后指出：“共产党的路线，就是人民的路线。”[1]“有无群众观点是我们同国民党的根本区别，群众观点是共产党员革命的出发点与归宿。”[2]“我们的方向就是人民的方向，这是载于宪法的。”[3]长期严酷的革命环境使毛泽东发现，人民的战争、人民的政党和人民的军队是有机统一的关系，因而，群众路线就是共产党人的生命线，这是对马克思主义阶级立场的明确继承，这种继承效应直接巩固在人民代表大会制度之中。这一制度的实质就是民主集中制，基于这一根本的政治制度设计和科学的制度自信，毛泽东才自信从容地回应了黄炎培先生所发出的历史周期律之问，也正是因此，中国共产人才破解了清人李鸿章所谓的“三千年未有之变局”。我们已经看到，从新中国成立至今，中国的人民代表大会制度不仅能够有效代表亿万中华儿女的发展意志，而且也能凝聚起亿万民众的磅礴之力，从而为中国道路的

---

[1] 《毛泽东文集》第2卷，人民出版社1993年版，第409页。

[2] 《毛泽东文集》第3卷，人民出版社1996年版，第71页。

[3] 《毛泽东文集》第6卷，人民出版社1999年版，第358页。

开掘和深化提供源源不断的动力，这说明，人民代表大会制度完全符合中国国情，它在根本上确保了中国政治价值的合理性和中国政治建设的有效性，它在改变旧式中国的皇权专制主义传统的同时，也为中国特色社会主义民主政治的发展奠基了坚实的政治上层建筑基础。

3. 经济领域：以社会主义公有制为主导原则

对私有制的批判是马克思主义政治经济学批判的核心指向。马克思的突出贡献在于辨明了私有制运行的内在机理和历史趋势，但是，如何从制度层面去真正扬弃私有制则需要后来者的不懈努力。历史可见，社会主义制度最先在俄国呱呱坠地，在社会主义的革命和建设问题上，列宁的努力值得肯定，但是，由于后来的苏共领导人并未有效地继承列宁的政治遗产，反而对列宁的社会主义实践进行了否定，从而使前苏联的社会主义制度走向了僵化，这为中国继续探索社会主义制度的有效实现形式提供了政治镜鉴。

在社会主义原则下，人民当家作主的政治制度和集体主义经济制度具有一致性。历史地来看，在经济层面，前苏联并未实现国家的经济实力和民众收入水平的同步提升，公有制在前苏联历史地存在某种活力不够和弹性不足的局限。与之相应，在对农业、手工业和资本主义工商业的生产资料私有制相继进行社会主义改造之后，中国也力求建立和实现一种与前苏联相类似的社会主义公有制。应该说，在制度变革的意义上，我们和前苏联做得都没错，但是，我们和前苏联共同的问题在于没有协调处理好根本的经济制度和具体的实现形式之间的辩证关系，所以，这种单纯而又教条的制度自信使我们在社会主义建设过程中走了弯路，以至于我们在当时的历史条件下只能简单地以经济的公有化程度作为处理政治问题的唯一标准，这也是我们在姓“社”姓“资”的问题上始终迈不开脚步的根本原因。改革开放之后，尤其是在社会主义市场经济体制建立之后，我们发现，社会主义根本制度和具体制度是本质和表象的关系。没有公有制，中国民众在经济上很难实现当家作主，没有市场经济，中国的公有制就不完善。现实的人的需求的基础性和多样性决定了社会主义经济制度必须兼顾原则性和灵活性，因而，以公有制为主导的根本原则不能否定，但是，这一原则必须同时兼顾人的发展规律和经济发展规律，所以，只有在中国，社会主义公有制才赢得了新的发展空间。

4. 军事领域：以人民军队为根本宗旨

人民性是中国革命的鲜明特征，人民的子弟兵为人民打仗具有理论和现实的合理性。在此，理论性主要源于马克思主义创始人对共产党人阶级立场和革命宗旨的强调，现实性主要源于当时中国社会诸多军事武装力量的“半人民性”或“去人民性”，所以，从中国革命的早期，毛泽东就认识到，要带领人民推翻“三座大山”，结束中国半殖民地半封建的社会状态，必须在广泛发动和组织工农群众的基础上建立一支属于人民的军队，以求军事上保障亿万民众的生存安全。

我们看到，在这一问题上，毛泽东的态度是清醒的，观点是明确的。早在湘赣边创立根据地之时，他就意识到了不做军事运动专做农民运动的局限性，第一次国内革命战争的失败更是让他看到了创建工农武装，进行军事割据的必要性。在此基础上，“八七会议”对陈独秀右倾投降主义的批判以及这次会议所确定的实行土地革命和武装反抗国民党反动派屠杀政策的总路线，实际上代表了我们党在军事上的真正觉醒，也正是在这次会议上，毛泽东提出了“枪杆子里面出政权”的著名论断。这为我们坚定不移地创建人民军队，独立自主地开展武装斗争并最终夺取中国革命的胜利奠定了坚实的军事基础。实践证明，毛泽东的这一思想既确保了党对军队的绝对领导，也确保了军队自身的团结统一；既确保了人民军队的政治本色，也为中国革命从胜利走向胜利提供可靠的军事保障。直到今天，这种革命时期确立起的管军治军传统依然需要坚持，它也因此成为我们党进行军队建设和军事斗争的重要经验。

历史证明，以毛泽东为代表的第一代中国共产党人光荣完成了让中华民族站起来的艰巨使命。大致而言，这种站立主要体现在精神气质、政治制度、经济体制和军事保障四大方面。由此可见，中国共产党在团结和带领中华民族通过战争的方式告别屈辱的同时，同时实现了中国社会的文化变革和制度创新，这既是对中国政治上层建筑和思想上层建筑的重塑，也为实现民族复兴奠定了基本的政治基础。

二、富起来：强大经济基础，形成了中国特色社会主义理论体系

在经历“文革”的全面内乱之后，以邓小平为代表的中国共产党人依然坚信：科学社会主义基本原理并没有错，错就错在我们经验不足、方法不够和定力不强。所以，在历史的转折中，邓小平起到了这样的作用：一是使“政治的中国”转向“经济的中国”；二是使“温饱”的中国走向“小康”的中国；三是使“封闭”的中国走向“开放”的中国。实际上，这三件事情的实质都是经济问题，这恰恰是毛泽东当年想做而没有做好的事情，因此，以经济建设为中心、以改革思维为红线、以开放意识为引领、以邓小平理论为开端的整个中国特色社会主义理论体系的实质就是壮大中国经济，此可谓民族复兴的经济基础。

1. 确定了“一个中心＋两个基本点”的基本路线

1963年，毛泽东指出，“如果不在今后几十年内，争取彻底改变我国经济和技术远远落后于帝国主义国家的状态，挨打是不可避免的。”[1]同年12月，他在听取科技工作规划时又指出，“科学技术这一仗，一定要打，而且必须打好。过去我们打的是上层建筑的仗，是建立人民政权、人民军队。建立这些上层建筑什么呢？就是要搞生产。搞上层建筑、搞生产关系的目的就是解放生产力。现在生产关系是改变了，

[1] 中共中央党校教务部编：《毛泽东著作选编》，中共中央党校出版社2002年版，第468页。

就要提高生产力。不搞科学技术，生产力无法提高。”❶ 1964 年，毛泽东再次强调，“我们必须打破常规，尽量采用先进技术，在一个不太长的历史时期内，把我国建设成为一个社会主义的现代化强国。”❷ 可见，经济工作就是毛泽东想做而没有做好的事情。所以，在 1978 年，邓小平指出，“什么叫高举毛泽东思想的旗帜呢？就是从现在的实际出发，充分利用各种有利条件，实现毛泽东同志提出、周恩来同志宣布的四个现代化的目标。”❸ 在改革开放的新时期，坚持“四个现代化”就是坚持马克思主义。他说：“在中国的现实条件下，搞好社会主义的四个现代化，就是坚持马克思主义，就是高举毛泽东思想伟大旗帜。你不抓住四个现代化，不从这个实际出发，就是脱离马克思主义，就是空谈马克思主义。”❹

基于对国际的和平发展趋势和国内僵化落后环境的双重判断，邓小平深信，毛泽东对社会主义基本矛盾的定性并没有错，问题在于我们单凭政治手段来调整生产关系的做法不合时宜，因此，我们必须在全面否定“文革”的基础上尽快进行经济建设，学会用经济的方式发展经济。当然，邓小平既反对单纯的经济决定论，也反对资产阶级自由化，所以，在他的推动下，我们才确立了“一个中心 + 两个基本点”的基本路线，这充分体现了邓小平对历史和现实的统筹把握。我们甚至可以说，社会主义市场经济体制的确立和改革开放伟大成就的取得，从根本上都得益于基本路线的指引，这是巩固“站起来”，转向“富起来”，走向“强起来”的路线保证。

2. 提出了“三步走”的战略步骤

1956 年，党的八大就确定了分“两步走”实现现代化的构想：第

❶ 中共中央党校教务部编：《毛泽东著作选编》，中共中央党校出版社 2002 年版，第 466 页。

❷ 中共中央党校教务部编：《毛泽东著作选编》，中共中央党校出版社 2002 年版，第 469 页。

❸ 《邓小平文选》第 2 卷，人民出版社 1994 年版，第 128 页。

❹ 《邓小平文选》第 2 卷，人民出版社 1994 年版，第 162—163 页。

一步，用 15 年初步实现工业化，建成完整的工业体系；第二步，用 50—100 年赶上发达资本主义国家，建成工业化国家。然而，“文革”使这一构想归于流产。1987 年，邓小平提出了“三步走”实现现代化的战略构想：第一步，到 1990 年，国民生产总值比 1980 年翻一番，解决温饱问题。第二步，到 2000 年，国民生产总值再翻一番，人民生活达到小康水平。第三步，到 2050 年，人均国民生产总值达到中等发达国家水平，人民生活比较富裕，基本实现现代化。可见，在实现现代化的问题上，毛泽东侧重于建立独立完整的工业化体系，而邓小平侧重于提升经济总量和改善民生，但是，二者的前提和实质都是经济建设，基于此，十五大所提出的“新三步走战略”和十九大所提出的“两步走战略”其实是对邓小平“三步走战略”的深化和细化，这体现了新时期中国共产党人对于中国现代化发展战略的一脉相承。

步入新时期以来，中国所追求的现代化包含着经济的现代化和人的现代化两大维度，所以，与“三步走”实现现代化的战略步骤相协调，邓小平在“南方谈话”中提出了“先富—后富—共富”的民生战略设想，这体现了新时期中国的经济发展战略和民生发展战略的同步性。我们认为，这一设想既体现了其对国际共产主义运动中那种不顾民生而只顾经济建设和政治运动的纠正，也体现了其对资本主义社会贫富两极分化的纠正。在此背景下，邓小平同志以美元作为衡量生活水平改善和实现共同富裕的标准，这更体现了其向国际看齐并接受世界监督的宽广视野和发展自信，所以，共同富裕最能体现社会主义的本质和社会主义制度的优越性。在此问题上，过去我们犯了急于求成的错误，而现在，我们将通过三大战略步骤实现共同富裕，以期走出历史的迷雾。

3. 构建了“公有制 + 多种所有制经济”共同发展的经济体制

在 1978 年底召开的在中央工作会议上，邓小平强调，实事求是的思想路线要与政治民主和经济民主结合起来，在此，政治民主主要体现在恢复民主集中制，经济民主主要体现在改革经济管理体制，尤其是赋予地方、企业和生产队更多的自主权以及重视个人物质利益上。所以，“用经济方法管理经济”就成了“一个中心”的自然延伸和现实要求，因为“离开了这个主要的内容，政治就变成空头政治，就离开了党和人民的最大利益”[1]。基于这种认识，十二届三中全会很快就提出了“社会主义经济是公有制基础上的有计划的商品经济”的新表述，十三大特地将“经济体制改革”作为突出问题来阐述，提出了“在公有制为主体的前提下继续发展多种所有制经济”的体制改革要求。此后，经过不断探索，实现公有制经济和非公有制经济共同发展的社会主义市场经济体制才不断成形，它意味着我们已经从体制上走出了姓“社”姓“资”的困扰，从而为市场经济在中国的发展提供了实践空间。

马克思和恩格斯指出：“共产主义……是以生产力的普遍发展和与此相联系的世界交往为前提的。”[2]“建立共产主义实质上具有经济的性质。”[3]可见，进行阶级斗争符合马克思主义，进行经济建设也符合马克思主义，问题的关键就在于具体的社会条件。邓小平意识到，生产力是社会发展的根本动力，“革命是解放生产力，改革也是解放生产力。”[4]从唯物史观出发，我们认为，中国的政治革命与经济改革各有其历史的合理性。在结束政治斗争转向经济建设的历史转折中，毛泽东已经做出了初步探索，问题就在于并未将这件事情坚持到底，所以，从历史的逻辑出发，邓小平必然要扛起这一责任，进而为中国社会生产力的发展开辟道路。实践证明，在其主导下构建的公有制和多种所有制经济共同发展的经济体制符合新时期中国发展的现实要求，这一体制突破了传统的社会主义发展模式，体现了社会主义和市场经济的合作性，是一项重大的制度创举。

---

[1] 《邓小平文选》第2卷，人民出版社1994年版，第150页。

[2] 《马克思恩格斯文集》第1卷，人民出版社2009年版，第539页。

[3] 《马克思恩格斯文集》第1卷，人民出版社2009年版，第574页。

[4] 《邓小平文选》第3卷，人民出版社1993年版，第370页。

4. 构建了“按劳分配＋其他分配方式”并存的分配机制

经济发展方式的非单一性意味着收入分配方式的非单一性，这是激发经济活力，保持经济可持续发展的规律性要求。正是因此，党的十三大同时进行了收入分配制度改革。这次会议提出，社会主义初级阶段的分配方式是以按劳分配为主体，其他分配方式为补充，“我们的分配政策，既要有利于善于经营的企业和诚实劳动的个人先富起来，合理拉开收入差距，又要防止贫富悬殊，坚持共同富裕的方向，在促进效率提高的前提下体现社会公平。”[1] 正是以此为指引，此后将近40年的中国在保持经济腾飞的同时特别注重了中国民众收入的增加和生活水平的改善，这体现了分配制度改革的积极效应。

在马克思看来，生产决定分配，分配也决定生产。原因是，人是经济活动的主体，如果生产主体和分配主体不对等，那么，劳动者就会降低甚至丧失生产的积极性。在社会主义建设之初，高度公有化和单一化的经济体制决定了我们在分配层面必然过于侧重社会公平，从而导致了一种脱离经济规律的就公平论公平的形式化的公平，这种分配形式表面上公平实质上不公平，它最终伤害的必然是劳动者的积极性，破坏的是生产的连续性，尤其是当这种分配形式与高度集中的计划经济体制相结合时，社会产品的单一化和社会就业的分配化就变得顺理成章，这也是后来的人民公社模式难以为继的经济学根源。因此，生产经营体制的改革必须与收入分配制度的改革相匹配，反过来说，社会主义市场经济体制其实符合经济规律，它既能有效地整合生产要素，丰富生产经营体制，也能释放人的潜能和活力，而与之相应的按劳分配和其他分配方式并存的分配机制其实也与这一体制构成了本质呼应的关系，从而确保了中国经济40年的高速发展。

---

[1] 杨春贵主编：《中国特色社会主义理论体系原著选编》，中共中央党校出版社2013年版，第126页。

5. 构建了“两个大局”协调发展的战略格局

历史一再证明，开放导致发展，封闭导致落后。实际上，这也符合唯物史观基本原理。这是因为，人的社会性和生产的社会性具有一致性，所以，随着生产的扩大，历史必然由地域历史走向世界历史，这也是现代性得以展开的历史哲学根据。反过来说，作为社会历史活动的主体，人的杰出作用只在于知会这种历史发展的大逻辑，并以此进行政治经济层面的政策调整和制度创新。

邓小平是一个科学的马克思主义者，他在社会主义改革时期对传统社会主义发展模式的调整与毛泽东在革命战争环境中对马克思主义阶级分析方法和阶级斗争理论的活学活用具有历史的相似性。这是因为，中国的革命具有世界性，我们革命的对象不仅包括内部的地主阶级，还包括外来的帝国主义，以及夹杂其中的官僚资本阶级和小资产阶级。与之相应，中国进行社会主义建设和改革的世界性主要是，我们既要和传统的马克思主义的代表（共产国际）进行政治联合，也要引进先进的资本主义国家的技术设备和管理经验，在此问题上，列宁晚年所实行的“新经济政策”其实已经给我们提供了有效的改革经验，所以，无论是站起来还是富起来，中国共产党都需要与现代文明打交道。在毛泽东时期，我们主要侧重于斗争性，在邓小平之后，我们主要侧重于合作性，这种历史的时空对比让我们看到了马克思基于资料逻辑而展开的世界历史思想的宏伟意义。实际上，早在1978年，邓小平就强调向外国学习先进的管理方法的必要性。1979年，在与工商界领导人的谈话中，他进一步指出，我们要敢于利用外国的资金和技术。之后，在整体外交格局得到拓展的基础上，我们将经济发展的主战场首先选在了特区，目的是在局部先进行对外开放，有效利用外资。1988年，小平同志首次提出了沿海与内地“两个大局”协调发展的设想，这对于解决中国区域发展的不平衡问题作出了开创性贡献。

从经济基础的角度分析，共产党人的使命就是消灭私有制，实现公有制。马克思更多论证的是这一制度的理论合法性，列宁、斯大林和毛泽东更多探索的是这一制度的实践可能性，但是，受历史条件的限制，所有这些努力都未在制度层面取得实质性的突破和创新，原因在于，他们都是基于一种对立性或替代性思维来处理两种制度的关系。在此过程中，邓小平看到了僵化的社会主义模式的严重弊端，所以，在其推动下构建起的“社会主义市场经济体制”其实就是对这种模式的有效纠正，这种纠正能够同时发挥两种制度的优势，从而在保证经济效率的同时也促进了社会公平。实践证明，中国的改革开放既快速积累了社会财富，也推动了社会的全面进步，从而为实现民族复兴奠定了厚实的物质基础。

三、强起来：实现全面发展，形成了习近平新时代中国特色社会主义思想

中国特色社会主义进入新时代，意味着中华民族迎来了伟大复兴的光明前景。为了将这个前景做实，十九大专门作出了“两步走”全面建成社会主义现代化强国的战略安排，从而开启了社会主义现代化建设的新征程。与之相应，十九大还强调，习近平新时代中国特色社会主义思想是实现中华民族伟大复兴的行动指南，必须长期坚持并不断发展。可见，新时代的任务就是现代化，新时代的目标就是民族复兴，全面建成社会主义现代化强国之时，就是中华民族实现伟大复兴之日。

从发挥中国特色社会主义制度优势，建成社会主义现代化强国的总体方向看，习近平新时代中国特色社会主义思想的实质可以概括为“5+1”，即“物质文明、政治文明、精神文明、社会文明、生态文明”+“治理体系和治理能力的现代化”，这一框架既体现了由“站起来”到“富起来”的逻辑继承，也体现了由“富起来”到“强起来”的逻辑转换，其中，治理体系和治理能力的现代化更是确保了全面建成社会主义现代化强国的方向性、科学性和可操作性。

1. 以现代化的经济体系为引领，打造高质量的物质文明

经过40年发展，中国已经告别了“短缺经济”，但是，面对中国民众对美好生活的新要求和世界经济创新发展的大趋势，我们必须实现经济增长的高速度向经济发展的高质量转变。高速度增长更多依赖的是速度和规模，高质量发展更加注重的是质量和效益，前者的动能是资源，后者的动能是创新，前者的发展空间已日渐萎缩，后者的发展空间则非常广阔，所以，进入中国特色社会主义新时代首先意味着我们要看清新常态，尽快实现发展方式转变、经济结构优化和增长动力转化，同时，要按照提质增效的新要求，以五大发展理念为引领，以深化供给侧结构性改革为主线，以“三去一降一补”为抓手，加快建设创新型国家，完善社会主义市场经济体制。

在新时代，我们对物质文明的理解更加立体化。横向上，我们必须在保持经济中高速增长的同时满足社会成员基本的经济需求和公共服务；纵向上，我们必须注重中国经济的创新力和竞争力，在深化供给侧结构性改革的同时，加快建设创新型的经济体系。我们坚信，这种纵横结合的现代化经济体系必然能够进一步发挥市场在资源配置中的决定性作用，促进中国经济的提质增效，从而为实现更高质量、更有效率、更加公平和更可持续的发展奠定坚实的经济基础，从而提升我们物质文明的内涵和水平。

2. 以人民当家作主的制度体系为引领，发展社会主义民主政治

社会主义民主最根本的原则就是人民当家作主，人民代表大会制度便是落实这一原则的最根本的制度架构，但是，仅有这一根本制度还不够，人民民主的多层次性决定了社会主义民主制度必须朝着体系化的方向发展，否则，就会出现“人民当家不作主”的问题，否则，权力的规范性和制度的约束力就很难实现。

在新时代，我们明确提出，要健全人民当家作主的制度体系，以

求更好地发展社会主义民主政治。在此，发展社会主义民主政治主要包括体现人民的意志、保障人民的权益、激发人民的创造力。健全制度体系主要是实现党的领导、人民当家作主和依法治国的有机统一，更进一步说，社会主义民主政治的运行和发展要与党的领导和依法治国紧密衔接起来。在此，党的领导是根本保证，在新时代，我们要加强和改进党的领导方式和执政方式，以确保民意被广泛、真实、有效地吸收，依法治国是党领导人民治理国家的基本方式，无论是党内民主还是人民民主都需要在法治框架下进行。当然，在更为根本的意义上，我们必须完善和巩固人民代表大会制度，因为这是实现党的领导、人民当家作主和依法治国有机统一的根本政治制度安排，我们必须通过这一制度来确保人民的权力得到有效实现，与此同时，我们还必须发挥社会主义协商民主的重要作用，巩固和发展爱国统一战线，从而在更好地兼顾民主与法治的长处的前提下，为全面建成现代化的民主国家提供有效的治理经验。

3. 以文化自信为引领，发展中国特色社会主义文化

中国人特别注重社会发展的文化含量，五千多年的中华文明之所以没有中断，与中华民族这种持久而稳定的文化心理本质相关，所以，没有高度的文化自信和文化繁荣，就没有中华民族的伟大复兴。

我们认为，文化应该分两种，一种是外在的文化样态，一种是内在的文化生命。从1840年开始，在内外交困的情势下，中华民族一步一步跌进了苦难的深渊，在此情况下，很多国人实际上对优秀的传统文化失去了自信。实际上，经过新儒家的努力，我们也发现，以农耕文明为底色的中国传统文化确实也存在革命性不足以及开不出现代性的根本局限，但是，在更为深入乃至本质的层面，在百年来激烈的社会变革和深重的生存危机面前，中华民族之所以没有被打散、打垮，主要与千千万万的中华儿女对自身文化生命的认同和文化身份的恪守本质相关。正是因此，中华民族才相继创造出了具有血性气质的革命文化和具有时代特征的社会主义先进文化，这说明，中华文化有着顽强

的生命力和持续的创造力，这种力量是重塑文化自信，实现民族复兴的心理基础。在新时代，中国共产党人完全有信心和能力担负起新的文化使命，在新的实践创造中进行文化创造，在历史进步中实现文化进步。

4. 以实现共同富裕为引领，加强和创新社会治理

中国共产党是全心全意为人民服务的使命型政党，“为人民谋幸福”是中国共产党人的初心。在革命年代，我们浴血奋战的目的就是为了让中国人站起来，在和平年代，我们发展经济的目的就是为了让中国人富起来，在新时代，我们则要实现中国社会全面发展和全体人民共同富裕的一体化推进，因此，一部党史就是一部中国共产党带领人民求生存和谋发展的奋斗史，带领人民创造美好生活，是我们党始终不渝的奋斗目标。

新时代，我们提出了以人民为中心的发展思想，这一思想与马克思主义的价值立场和中国共产党的立党宗旨一脉相承。但是，这一思想要落到实处，既需要继续保持更可持续的经济增长，也需要完善收入分配机制。就收入分配机制而言，当前中国社会最紧要的问题是缩小收入分配差距，基本的原则就是实现按劳分配与按生产要素分配相结合，宏观的思路就是扩大中等收入群体，增加低收入者收入，调节过高收入，取缔非法收入，主要的目的就是实现经济增长与居民收入的同步增长以及劳动生产率与劳动报酬的同步提高。为此，我们必须打造共建共治共享的社会治理格局，通过相应的制度建设提高社会治理的社会化、法治化、智能化和专业化水平。此外，还应推动实现社会治理重心下移，积极发挥社会组织的有益作用，实现政府治理和社会治理、居民自治的良性互动，在此过程中，要更加突出发展的公平性和普惠性，只有这样，民族复兴的主体才不至于缺位。

5. 以生态文明体制改革为引领，建设美丽中国

对环境的漠视甚至透支是资本主义生产方式的天生弊病，对此，马克思和恩格斯都有明确的论述，而西方生态马克思主义所做的理论

努力和生态社会主义运动所做的实践努力实际上是对马克思主义这一问题意识的推进和深化。很显然，在生态危机面前，人人平等，人类对大自然的伤害最终会伤及人自身，这是无法抗拒的自然规律。

作为一种比资本主义更高的社会制度和文明形态，社会主义理应不会出现生态危机，但是，实际的情况是，社会主义诞生在生产力比较落后的东方国家，所以，我们既要始终保持对社会主义理论和制度的自信，也要积极吸收资本主义生产方式的有益经验，以求丰富和发展社会主义事业。我们认为，若就社会主义和资本主义的关系而言，前者应该是“体”，后者应该是“用”。因而，在创新工业文明，走出现代性困境的问题上，社会主义应该能够释放出更大的发展活力，提供更多的治理方案，它能进一步化解资本主义天然存在的人和人、人和自然的矛盾，从而为克服资本主义的制度弊病提供有益的治理经验。在此意义上，新时代中国所提出的“人与自然生命共同体”理念，以及通过实现绿色发展，构建生态文明制度体系进而达到实现人与自然和谐共生的生态现代化的目标其实已经代表了社会主义事业发展的新高度，它必将为构建全球生态安全提供有益经验。

6. 以全面深化改革为统领，推进治理体系和治理能力的现代化

“深水区”和“攻坚期”的改革是蕴生习近平新时代中国特色社会主义思想的时代背景。总体来看，这一思想的鲜明特征是全面的发展与治理。就其内含而言，发展主要指的是全面发展，治理主要指的是治理体系和治理能力的构建，治理体系侧重于制度建设，治理能力侧重于领导能力和执政能力建设；就其关系而言，发展包含着治理，治理推动着发展，二者是辩证统一关系。

新时代，发展指的是物质文明、政治文明、精神文明、社会文明和生态文明这五大文明的全面发展和共同发展，它涵盖内政外交的各方面和全面建成现代化的各阶段。在现实性上，“各方面”对应的是“五位一体”的总体布局，“各阶段”对应的是从2020年到2050年全

面建成社会主义现代化强国的全过程。此外，“四个全面”的战略布局针对的是当前中国社会发展的四个主要矛盾，其中，全面建成小康社会是我们“第一个百年”的奋斗目标，现在我们已经处于决胜这一目标的关键时期；全面深化改革是决胜这一目标的有效抓手，通过改革，我们不仅要确保建成高质量的小康社会，而且要为全面依法治国和全面从严治党提供切实有效的改革创新经验，进而为顺利开启和建成社会主义现代化强国奠定方法论基础；全面依法治国是新时代管党治国的重要抓手，在依规治党和依法治国协调推进的基础上，坚持法治国家、法治政府和法治社会的一体化建设，构筑中国特色社会主义法治体系是推进治理体系和治理能力现代化的重要方面；全面从严治党是实现治理体系和治理能力现代化的领导力量，它贯穿于治国理政的各方面和各阶段，它总揽外在的治理体系的构建和内在的治理能力的提升的总格局和总过程，这是实现民族复兴的根本政治保证。

总体而言，中华民族在相继实现政治上站立，经济上富强和实现全面发展的过程体现了社会基本矛盾演化的基本原理，这一原理既能从外部解释资本文明的本质及其从地域历史走向世界历史的必然性，也能解释中华民族在实现自身复兴的过程中对于资本文明的不同理解。在此，前一方面是一种历史逻辑，后一方面是一种实践逻辑。在此双重逻辑的作用下，马克思主义中国化的三大理论成果代表了我们在不同社会条件下对资本逻辑的理解以及对自身命运与发展道路的把握，其中，毛泽东思想代表了我们与资本的扩张性和侵略性的对抗，中国特色社会主义理论体系代表了我们对资本的发展性和合作性的驾驭，习近平新时代中国特色社会主义思想代表了我们对资本文明的创新，当然，更为重要的是，在这三大理论逻辑的内部，内含的是中华民族为了实现复兴而作出的艰苦性和自主性努力。质言之，在百年来追求民族复兴的伟大征程中，马克思主义从未缺席，它是我们理解和推进中国道路的哲学基础。

原文刊于《哲学研究》2018 年第 7 期

附件2

中西文明转型的世界历史视野

摘　要：文明转型是中西社会面临的共同问题，西方需要克服现代性的文化危机，中国则要对传统进行创造性转化。在此问题域中，我们必须重视马克思主义中国化的历史实践和文化成果。基于马克思主义传统而可能的“革命—建设—改革”中国道路既蕴含着对现代性文化危机的克服，也表征出中西方文明的融合与更新的可能，这是构建人类命运共同体、构建人类文明新秩序的重要历史实践。易言之，基于中国道路而可能的中华民族复兴既包含着现代化的主张，也意味着开启一种新的文明的可能性。

关键词：世界历史视野　中国道路　中西文明转型

从晚清社会至今，“中国问题”主要体现为政治独立、经济富强和文化复兴三大内容，它们共同展现出以资本为内核的现代性问题的外部性，这种外部性主要表现为西方文明对传统中国文明的冲击和压制，因而，今日中国的文明复兴绝不可能是向传统文化的保守主义回归，也不可能是对西方文化的自由主义复制，而是必须借助马克思主义对现代性的批判性分析寻求新的文明转型和秩序构建。这是因为，在理论层面，马克思已经指明了资本的本质及其开掘世界历史的必然性；在实践层面，马克思主义对中国的“革命—建设—改革”产生了实质性指导作用，它已成为中国进行文化建设的内在思想指引。

因而，中西文明都需要转型，这绝非二者之间的相互攻讦和否定，而是基于马克思主义中国化的文化实践对这两种思想资源进行批判性分析和创造性整合，从而开出一种既不同于保守主义，又不同于自由主义的新的思想体系和文化样式，在此一维度，马克思主义对于人类文明发展的指导意义方能有效呈现。

一

在1840年之前，作为一种独特样式的中国文化实际上是在一个相对封闭的空间内缓慢发展，尽管此前我们也曾和欧洲产生过文化交流，但是，这种交流实际上是农业文明框架下的生存需求互补，它并未触及各自文明背后的制度因素，而且中国在这种交流中始终居于主动地位。此外，高大的山脉和广阔的海洋也为中华文明的独自发展提供了安全的环境屏障。正是在这种封闭又自足的环境中，中华民族将农耕文明发展到了极致，如果没有西方工业文明的强势侵入，中华文明可能依然会按照既有的样式、节奏和内容缓慢发展下去。

儒家文化是中国农耕文明的代表。这种文化的根本特点是向内超越，是一种将心性修养工夫放在第一和最高位置的“内圣”文化，“仁”的精神是这种文化的精髓。为了“成仁”，我们讲求的是先“内圣”再“外王”，先“正己”再“正人”，先“修己”再“安人”。实际上，“仁”是一种大德，这种“德”要承载天地万物，要为天地立心，要为万世开太平，只有在这个意义上，我们才能理解“士可杀不可辱”“刑不上大夫”的生命价值论意义。所以，儒家文化是一种泛道德主义文化，受其制约，形而下的器物和制度只具有派生和从属的意义。

正是因为“义”高于“利”，“道”重于“器”，“体”重于“用”，所以，传统的中国人对社会的等级秩序和贫富分化往往采取妥协的态度，或者索性认为，这是天子的“德不配位”所致，反过来说，只要君主贤能并推行贤明政治，必然会天下太平，说到底，天子之德是国泰民安的根本。当然，与天子之德相对应的是君子之德，这是对社会成员的普遍规范，它讲究的是内在意义上的“慎独”和“正己”

的工夫，这使我们与注重外在性的西方文明产生了很大的差异性甚至对立性。所以，方克立先生指出，传统儒学“基本的价值观念是贵义贱利、重道轻器，与之相关的还有存理去欲、好古贱今、重农轻商、重国家轻个体、重义务轻权利、重人治轻法治、重和谐轻竞争、重守成轻进取、重道德轻知识、重理想轻事功、‘道不同不相为谋’、‘不患寡而患不均’等等。这些显然与以科学、民主为标志的近代文化的价值观念大异其趣，甚至可以说在基本的方面都是对立的。”[1] 我们认为，后来新儒家的努力之所以收效甚微，主要是因为其对传统的无批判立场，这是其开不出现代性的根本原因。

鸦片战争打碎了国人的文化迷梦，李鸿章所谓的“三千年未有之变局”与中国民间频繁爆发的农民起义其实都是对这一危机的有力回应。为了应对危机，清廷也支持了维新变法和洋务运动，可是维新人士所变之法在根本上依然突破不了“祖宗之法”，而洋务派所操办的洋务实际上也突破不了清廷的权力结构，所以，维新派和洋务派被叫停是逻辑的必然，这两类变革的最终目的依然是为了强基固本，而不是颠覆固有的文化“道统”，这使我们错失甚至放弃了一次文化转型的历史机遇。

辛亥革命也想变革中国的旧文化，可是，彼时的中国并不存在强大的资产阶级，也不存在革命愿望强烈的农民阶级（或者说，农民阶级并没有进入辛亥革命的问题域），所以，其对封建文化的批判是一种外部批判，它上不能发动社会精英，下不能发动社会民众，因而必然归于流产。实际上，后来的“五四运动”也想解决文化上的问题，可以，较之于主权和族权，文化启蒙的意义较为次要，因而这场运动只能在文化批判和科学兴国的意义上做些民主化努力，它在促进民族觉醒的同时，只是抛出了问题，并未提供有效的理论成果并作出有效的政治努力，因而也就随着军阀混战又一次走向了历史的后台。

马克思主义传入中国之际既是中华民族陷入内忧外患之际，也是

[1] 方克立：《现代新儒学与中国现代化》，天津人民出版社，1997年版，第79页。

儒家文明对于解救民族危机丧失效用之际。“从失效走向拯救”是 20 世纪初中国文化的突出主题，为此，我们迫切需要一种既能涤荡封建势力，结束军阀混战，又能团结千万民众进行抗争和自救的思想资源。此时，马克思主义的阶级分析方法恰恰能对中国民众进行革命化的启蒙和抗争发挥效用，它也因此构成毛泽东思想的主要部分。正是基于这一点，毛泽东分清了中国社会的阶级结构并以此展开了既反帝又反封建的双重革命。中国革命的成功意味着马克思主义革命文化的有效性，这种文化的底色是革命主义，而不是忠恕之道和自由主义，这便是毛泽东后来既要“打倒孔家店”，也要“斗私批修”的文化根由。

中国社会在晚清时的封闭表面上看是思想和制度层面的保守，实际上是“道体”层面的文化封闭，所以，中西文明冲突是世界历史发展结构化结果。正是在此过程中，马克思主义对于中国传统文化展现出了一种批判性和补充性效应（尽管这只是其一个方面），它以革命性原则既整体地启蒙并挽救了中华民族，也打开了中国较为封闭的文化传统，进而促成了传统中国向现代中国的转变。

二

资本逻辑在中国展开的不同阶段也是马克思主义中国化的不同阶段，因此，中国的革命需要马克思主义，中国的发展也需要马克思主义，马克思主义是百年以来中国社会进行文化批判和建设的主导性原则。在此过程中，马克思主义对中国社会实现了两次大的社会意识启蒙，第一次是政治维度的阶级意识启蒙，第二次是经济维度的发展意识启蒙，这两次启蒙不仅使中国实现了从政治解放向经济解放的逻辑转换，而且让我们完成了对马克思主义的整体理解以及对现代性的基本认知。正是基于这种大尺度的历史审视，我们看到了基于现代性才可能的世界历史的基本样式和可能样式，即中国必须经历政治革命和市场经济，同时，中国道路蕴含着 21 世纪马克思主义发展的新的可能性，这是我们研究社会主义先进文化和中西文明转型的基本理论高度。

这样看来，中国历史和世界历史的发展实际上保持了某种同步性，因为中国的“革命—建设—改革”就是资本世界化的有效样本，所以，中国革命的过程既是中华民族实现政治解放的过程，也是马克思主义对中国进行思想启蒙的过程。在此过程中，马克思主义既充当了中国革命的理论原因，同时也变成了其理论结果，毛泽东思想就是其理论产物，公有制则是其制度结果，这种制度结果直接延伸到现代中国，因此，对于中国改革的总目的，邓小平指出，中国改革的总目的就是要“有利于巩固社会主义制度，有利于巩固党的领导，有利于在党的领导和社会主义制度下发展生产力。”[1] 实际上，后来的“南方谈话”中所提出的“三个有利于”只是对生产逻辑的扩充和深化，无论是开发国内市场，还是开辟国际市场，抑或是让市场在资源配置中起决定性作用，我们都是在工具理性的意义上谈论市场经济的，我们的价值理性依然是马克思主义，我们的制度基础依然是公有制，所谓的社会主义先进文化其实就是马克思主义生产逻辑的近似说法。

受制度基础的决定，中国认同并推动的是经济全球化，而非政治全球化。在中国改革之初，邓小平就强调，“必须在思想政治上坚持四项基本原则。这是实现四个现代化的根本前提。”[2] 经济建设是中心任务，但是，为了经济，我们不仅不能放弃政治，尤其是不仅不能放弃社会主义民主，而是要突出其优越性，因为政治文化也是社会主义先进文化的有机部分，所以，邓小平同志在政治上始终强调，我们不搞资本主义民主，不搞多党竞选、三权分立和两院制那一套，尤其要旗帜鲜明地反对资产阶级自由化乃至无政府主义，“中国的政治体制改革，要讲社会主义的民主，也要讲社会主义的法制。”[3] “世界上的问题不可能都用一个模式来解决。”[4] “社会主义”四个字是当代中国政治和文化的定语，社会主义框架下的先进文化必须能够推动物质文明和精神文明的双提升。经过近40年的发展，中国的经济总量已经稳居

[1] 《邓小平文选》第3卷，人民出版社1993年版，第241页。
[2] 《邓小平文选》第2卷，人民出版社1994年版，第164页。
[3] 《邓小平文选》第3卷，人民出版社1993年版，第245页。
[4] 《邓小平文选》第3卷，人民出版社1993年版，第261页。

世界第二，中国经济对世界经济增长的贡献率超过了30%，中国社会的贫困发生率已经从10.2%已经下降到4%以下。中国道路的成功实践证明，社会主义文化是一种能够引领经济发展和社会发展的先进文化。

从理论层面分析，马克思的社会基本矛盾理论是社会主义先进文化的理论依据。传统的中国之所以走向沉沦，主要是因为道体层面封闭的文化系统开不出符合现代性要求的独立个体，因此，与之相应的平等意识、自由精神、民主意识、商业精神和技术应用只能处在被压抑的状态。在彼时的文化系统中，只有“四书五经”是正统，其他都是邪门歪道，这便是中国虽有“四大发明”却没有广泛的社会应用和社会变革的根本原因，说到底，我们的文明是一种内向型文明。与之相反，近世的西方文明是一种外向型文明，这个文明是基于人的理性能力（而非道德能力）才可能的，如果说黑格尔表达了一种“无人身的理性”，那么，启蒙运动其实在倡导一种“有人身的理性”，这是一种以承认“小我”的尊严和利益的世俗文化，而不是一种推崇“大我”的担当和奉献的贤明文化，正是基于这种原则性差异，中西之间的文明冲突以及西方文明对东方文明的征服就成了历史的必然，这种征服一种外部性文明对内部性文明的征服。

问题在于，马克思主义是超越现代性的产物，其超越性主要体现在基于历史唯物主义理论对现代性病症的解析和批判之中。按照这一理论，现代性是历史的必然，现代性使历史走向世界历史也是历史的必然，现代性蕴生的阶级分化和社会抗争更是历史的必然，所以，中国积极对接并融入经济全球化体现了对马克思主义的理论自觉，因为在利用市场机制进行社会化和国际化大生产方面，资本主义比之前的任何社会都要来得优越，坚持马克思主义意味着遵从人类历史的发展规律，意味着要按照人类历史发展的主导性要求来变革不合时宜的文化传统，这一点既指向传统的儒家文化，也指向近代的革命文化。

社会主义先进文化是在遵从人类社会发展规律和探索社会主义建设规律的基础上形成的新的文化样式。这种文化已经跳出了狭隘的意识形态争论和文明形态争论，它是历史性和时代性、民族性和世界性的有机统一，它吸收传统却不囿于传统，着眼当下而不囿于当下，它是基于社会基本矛盾运动对人类文化发展态势和方向的一种宏观思考和整体把握。它体现在“各美其美”“美美与共”和“天下大同”三个维度，在“各美其美”的意义上，每个国家和民族都有平等的权利主张自己的现代性；在“美美与共”的意义上，国家与国家、民族与民族、地区与地区之间要有主体间性；在“天下大同”的意义上，每个人都要为他人着想和担当，人类的和平与发展才变得可能。

尽管社会主义先进文化是社会主义初级阶段的文化，但是，这种文化已经显示出了某种人类学意义。中国道路是蕴生这一文化的现实土壤，马克思主义为其提供了基本的理论指导。基于这一文化来讨论中华民族的文化复兴和中西社会的文明转型不仅必要，而且可能。

三

马克思主义不仅在中国完成了“国家—民族”意义上的社会革命，而且实现了整体的经济富强，甚至对世界经济的发展和文明秩序的构建产生出了某种示范和引领效应。基于此，我们认为，第一，应该放弃对马克思主义的教条化理解和乌托邦想象，要站在实现人类共同发展的高度凸显马克思主义那种宏阔的历史视野和文明关照；第二，抽象的谈论“古今中西”之间的差异和冲突已经毫无意义，也没有结果，这个问题是实质依然是“中西之辨”，或者说是中西文明之间的互补、融合和创新问题；第三，社会主义先进文化是“中西之辨”的历史产物，它代表了对现代性文化危机的有效克服，新时代中国特色社会主义思想是其崭新形式，是当下中国对内进行文化建设，对外构建文明新秩序的理论指引。

首先，必须建立起对马克思主义文明观的理论自觉。

在中国的“革命—建设—改革”实践中，马克思主义非但始终没有缺席，反而实质性地参与和影响了中国历史的现实进程，进而塑造出了符合自身价值立场和理论要求的文化样式，作为其中国化成果的革命文化和先进文化其实就是社会基本矛盾在世界历史条件下产生的文化结晶，这两种文化总体地折射出了资本运动的大逻辑，也构成了“古今中西”之争的问题背景。正是基于马克思的世界历史视野，我们才能超越表面化的文化形态争论和文明形态对比并直达问题本身，这个问题的本质就是在文化哲学和文明自觉的意义上廓清中国现代性问题的实质，反过来说，中国道路的实质是马克思主义，这是对马克思世界历史思想的正面呈现。合起来说就是，马克思本质地道说出了世界历史的秘密，我们必须基于这一理论高度来清理中国道路所带出的文化复兴和文明转型问题。在此问题域中，自由主义、保守主义以及激进主义已经占用了太多的话语资源，但是也遮蔽了问题本身，它们不仅遮蔽了马克思主义哲学的世界历史特征，而且也使问题越来越意识形态化，甚至陷入某种话语游戏之中，从而使问题更加复杂化。

因而，全部问题的关键在于肯定马克思主义文明观，特别是要借助社会基本矛盾理论来说明这种文明观。马克思曾明确强调，“我们判断一个人不能以他对自己的看法为根据，同样，我们判断这样一个变革的时代也不能以它的意识为根据；相反，这个意识必须从物质生活的矛盾中，从社会生产力和生产关系之间的现存冲突中去解释。”❶ 文明毕竟属于精神生活的范畴，而文明冲突的根源其实在物质生活的矛盾之中。在此一点上，斯宾格勒、汤因比、亨廷顿和福山等人所展开的文明分析和对比其实都是一种关于历史的形而上学，他们固然也看到了中西文明各自的特性，但是缺少对世界历史（尤其是中国道路）的马克思主义式理解，所以，这类分析无益于马克思主义文明观的出场和“文明冲突论”的消解。

其次，要继续扩大并加深中西之间的文明交流。

在世界历史的逻辑中，中西文明其实是两条略有交叉的平行线。一方面，中西文化确实有不同的起点、内容和节奏，其现代性确实存在巨大的差异性；另一方面，这种差异性不等于否定性，因为中西文

---

❶ 《马克思恩格斯文集》第2卷，人民出版社2009年版，第592页。

明之间始终在交往，只不过其交往的形式表现为冲突和合作两种前后相继的历史形式。大致而言，第一次是封建社会鼎盛时期的陆海丝路往来，这属于和平交往；第二次是晚清时期发生的战争交往；第三次是建国至今的和平交往和合作共赢。可见，中西文明并不是水火不容，而是存在着互补性，尽管文明具有相对独立性和反作用，但是文明在最根本上反映的是人的现实的生存和交往需要，人是创造和守护文明的根本因素。正如恩格斯所说："在每一个民族中形成的神，都是民族的神，这些神的王国不越出它们所守护的民族领域，在这个界限之外，就无可争辩地由别的神统治了。只要这些民族存在，这些神也就继续活在人们的观念中；这些民族没落了，这些神也就随着灭亡。罗马世界帝国使得古老的民族没落了，古老的民族的神就灭亡了，甚至罗马的那些仅仅适合于罗马城这个狭小圈子的神也灭亡了"。[1]

这样看来，古代的丝绸之路实际上体现的是中西文明的开放性和兼容性，其结果是提升了各自的文化创造力，可是到了晚清时期，我们在文化上偏于保守，从而使中国处于一种被动格局之中，在此情况下，中国依然持守的农耕文明看起来可以自给自足，实际上已经与世界拉开了差距，我们可以"不需要"西方，但是西方已经离不开东方，因为中国是其世界市场的一部分，中国选择了拒绝就意味着选择了战争，所以，中西之间的战争其实体现了现代文明对前现代文明的批判与征服，中国社会从传统向现代的全方位转型和调整则是这逻辑的现实表征，这体现了文明之间的互补和平衡。

最后，中国道路蕴含着人类文明发展的新的可能性。

中国道路是在对传统儒家文明和现代西方文明双重扬弃的意义上形成并展开的。一方面，中国道路扬弃了传统的儒家文明。这一点在毛泽东时代体现得尤其明显。毛泽东之所以要进行文化革命，除了现实的阶级斗争需要之外，主要是因为他看到了儒家文化外在革命性的不足，而马克思主义革命理论正好能够弥补这种不足，此可谓文化范

---

[1] 《马克思恩格斯选集》第 4 卷，人民出版社 2012 年版，第 261 页。

式革命的第一步。步入改革开放之后，中国推行的是以经济建设为中心的发展路线，这种以商品生产和市场交易为主导的现代工商业文明其实也是被传统儒家所批判甚至否定的东西，这意味着我们已经在现实上走出了传统，此可谓文化范式革命的第二步。另一方面，中国道路扬弃了西方的现代文明。在根本上，我们的确有一个现代化的任务，为此，我们必须以学习的心态、开放的视野和创新的意识汲取西方现代的科技文明和管理手段，但是，公有制、按劳分配和共同富裕已经成为马克思主义中国化的制度性成果，正是因此，从毛泽东时代至今，我们始终在警惕和防范资本主义的利己主义、拜金主义和自由主义，以守护中国社会主义的制度基础和价值原则，进而显示出中国道路对于克服现代性文化危机的积极意义。

因此，在历史逻辑、理论逻辑和实践逻辑的综合作用下，中国特色社会主义文化发展道路的现实意义必将进一步呈现，在当前，这种现实意义主要表现在对全人类“共同价值”和“社会主义核心价值观”的共同建构。我们认为，这已经总体地表征出了新时代中国特色社会主义的价值立场和文明指向，它意味着，我们已经不仅超越了狭隘的意识形态立场和文化保守主义，而且在国际国内主动探求和构建实现和平与发展的“最大公约数”，因为今天的中国离不开西方，西方也离不开中国，中国与西方需要共同克服现代性的文化危机，其路径既不是回到各自的过去，也不是倒向任何一方，而是要在对话和交流中各取其利，各美其美，从而在平等相待和兼收并蓄中推动人类文明迈向新的高度。

原文刊于《天津社会科学》，2018 年第 2 期

附件3

马克思主义与中国道路的文明自觉

摘　要：马克思主义社会基本矛盾理论是解释中国道路革命和发展道路的理论依据。中国的革命反映了资本逻辑的扩张性和侵略性，中国的发展象征着对资本逐利性和发展性的合理利用，在中国道路的发展过程中，马克思主义始终在发挥着指导作用，中国道路的文明自觉既不是倒向保守主义，也不是接受自由主义，更不是二者的相互攻讦，而是基于世界历史视野下的社会基本矛盾运动对马克思主义文明观的自觉。

关键词：马克思主义　中国道路　文明自觉

中国道路是在“政治独立—摆脱贫困—走向富强”的历史逻辑中逐渐成形的。表面上看起来我们是在解决自身的生存和发展问题，实际上，这是一个与资本文明打交道的过程，在此过程中，中国革命代表了对资本侵略性和扩张性的有力反抗，中国发展象征着对资本逐利性和发展性的合理利用，因而，中国道路是一条文明发展道路，其在本质上体现为马克思主义对中国传统文化和资本逻辑的双重引领，表现出来就是：在革命战争年代，我们不仅实现了自己的民族独立，而且还力求帮助第三世界国家一起争得民族解放；在和平发展年代，我们不仅实现了自己的经济发展，而且还提出了“一带一路”倡议，力求构建人类命运共同体。

就新时代中国特色社会主义文化发展的现实路径而言，我们绝不鼓励文化民粹主义，也不主张西方中心主义，而是要基于马克思主义文明观来辨析中国道路对于克服保守主义和自由主义的可能性和现实性，这是破解“文明隔阂论”“文明优越论”和“文明冲突论”，进而扩展中国和平发展空间的必然要求。

一、启蒙：资本主义文明的源头

马克思的文明观是一种辩证的文明观，这种文明观脱胎于启蒙而又超越于启蒙。一方面，马克思看到了启蒙运动借助理性能力的发现对于祛除蒙昧主义、推动社会平等、实现人的解放的积极意义，在此意义上，理性主义、实证主义乃至资本主义其实都代表了人类的进步；另一方面，启蒙在批判神话中将自己做成了神话，启蒙力求使人摆脱蒙昧主义和权威主义的宰制，可是由于过度迷信理性及其造物，所以，它陷入了对技术、工业、消费、媒体及其权力化的崇拜之中，由此可见，康德意义上的纯粹理性并不存在，也很不现实，因为当一切理性的产物都被资本化以后都会失去理性，进而变成一种异己性力量来统治人。如果回到马克思的问题域，我们会发现，现代性尽管消除了宗教异化，但是，它又成就了经济异化，它加重了人对物的依赖，这便是马克思对“犹太人问题”进行分析和批判的哲学根由，政治经济学批判便是这种批判的理论结果，这一结果直接巩固在《资本论》及其手稿中。

从哲学上分析，启蒙自始就包含着矛盾，因为理性最终调和不了与感性之间的矛盾，所以，从启蒙运动开始，反启蒙的潮流始终在跟进。根据学者的梳理，启蒙至少在七个方面存在自我悖反：（1）启蒙的理性化封堵了启蒙精神，使理性的批判性或中立性被遮蔽；（2）启蒙是反体系的，但其自身却成就了理性主义话语体系；（3）启蒙是知识分子的事业，但是知识分子却日渐被世俗名利缠绕，以至于越来越难以担当启蒙者的身份；（4）启蒙是人道主义事业，但却总要面对自然主义的质疑；（5）启蒙被看成是反封建神学的事业，但却要面对虚无主义的问题；（6）启蒙被看成世界历史及普遍主义事业，但却要面对非西方的多样性并批判西方中心主义；（7）启蒙成就了宽容的传统，但它却导向了专制与集权。[1] 种种迹象表明，启蒙存在着巨大的悖谬性。

从根本上讲，启蒙的悖谬性来自于理性的无原则使用和无限度扩张。在原初意义上，启蒙的目光是外部的自然世界，在这方面，理性证明了自己的能力和效用，康德关于启蒙的定义在这个意义上依然成立，但是，随着现代性的不断展开，尤其是经历两次世界大战的洗礼之后，人们开始醒悟，原来我们被自己的理性愚弄了，因为很多人道主义灾难其实都是在理性主义名义下进行的。在此情况下，西方的启蒙主义范式必然遭遇巨大的文化危机，因而，我们对启蒙的反思也必须深入到现实维度中去。

事实恰恰是，启蒙的成就主要表现为对自然世界的征服，实证主义和自然科学是其走向成功的有效象征，但是，这只是问题的表面，因为当新兴的资产阶级将启蒙的理性哲学作为自己的哲学主张，并基于此进行科技开发和商业应用时，启蒙必然会导致资本与技术的联姻，从而基于利润优先原则实现对劳动的宰制和对自然的掠夺。具体是：在自然的问题上，启蒙过多地信赖科学主义，使自然成了资本征服和掠夺的对象，而自然反过来又对人类进行了不同程度的报复，从而造成了生态主义危机；在社会领域，启蒙的主体性哲学催生了一种现实的利己主义，它使公共性丧失了存在论基础，从而造成了人文主义危机。所以，科学主义与人文主义的矛盾是近代西方文化中最为突出的一对矛盾，资本逻辑则是导致这一矛盾的现实根由。

可见，启蒙虽然解放了人的理性，但是，人的理性要受制于具体的自然条件和社会条件。启蒙理性从来都不纯粹，从来都有自己的限度，19 世纪德国历史主义所做的主要工作其实就是要借助历史理性来纠正启蒙的纯粹理性，在此思想史图景中，马克思其实看到了基于社

[1] 参见邹诗鹏："启蒙及其理性的边界问题"，《哲学动态》2015 年第 11 期。

会存在而可能的“历史世界”对于启蒙哲学的存在论意义，在此一度中，抽象的谈论启蒙哲学及其现实化的自由、平等、博爱原则已经没有现实意义，因为资本逻辑其实就是“感性的对象性活动”，这种活动是启蒙原则的现实应用，它是造成资本主义文化危机的现实根源，它使历史成为世界历史。正是在对资本原则的辩证分析中，马克思揭示了超越资本文明的必要性。

二、资本运动：资本主义文明的本质

早年的马克思实际上是拥护启蒙的，因为启蒙所发动的宗教批判和开启的实证主义传统是马克思新唯物主义的理论地基，但是，当遭遇了“物质利益难题”之后，马克思一下子看到了理性主义之外的市民社会的经济利益的“新唯物主义”性质，于是，在对启蒙及其建构的理性主义文明样式产生怀疑之际，马克思旋即将问题导向了支持资本主义运转的经济体制以及树立其上的政治上层建筑领域，正是在对资本主义生产和分配制度的批判中，马克思的文明观得到了充分展露。

马克思对资本主义文明的批判是一种整体批判，这种整体性蕴含着辩证法则，它既关乎资本主义生产方式本身，也关乎其各种形而上学外观，所以，马克思不仅关心生产，而且关心分配，不仅关心地租，而且关心资本。马克思所完成的并不只是一次存在论上的倒转，而是对以资本逻辑为核心的资本主义文明的彻底批判，在前一种意义上，马克思所发动的是一次哲学革命，在后一种意义上，马克思则“深入到历史的本质一度”（海德格尔语）中去了，这“一度”是洞穿全球资本主义困境，是走出新自由主义和新保守主义的“一度”，这“一度”象征了人类文明发展的新方向。

马克思的批判表明，资本主义文明其实并不文明，因为私有制是这种文明的内核，在其驱动下，劳动者必然要与劳动过程、劳动产品、其他劳动者以及自己的类本质发生异化，所以，如果不能实现彻底的经济解放，那么，劳动者的政治解放只具有暂时性，共产主义意义上的人类解放也不具有现实性，所以，马克思指出，“没有资本，地产是死的、无价值的物质；资本的文明的胜利恰恰在于，资本发现并促使人的劳动代替死的物质而成为财富的源泉。”❶ 在此意义上，马克思发现，“宗教、家庭、国家、法、道德、科学、艺术等等，都不过是生产的一些特殊的方式，并且受生产的普遍规律的支配。因此，对私有财产的积极的扬弃，作为对人的生命的占有，是对一切异化的积极的扬弃，从而是人从宗教、家庭、国家等等向自己的人的存在即社会的存在的复归。”❷ 理论研究表明，“巴黎手稿时期”的马克思似乎有浓重的人本主义情愫，但是，我们同时看到，马克思的这种情愫建立在对人的经济异化的分析和批判之上，所以，经历了1848年欧洲工人运动激进政治的实践并且遭受挫败之后，在“资本论时期”，马克思已经认为，问题在于资本主义生产制度，因为这是资本主义文明的物质基础，只有本质地揭露并批判这一制度，启蒙的悖谬性才能得到真正的揭露和克服，符合历史唯物主义建制的新的文明方案才能得到进一步澄明。

其实，整部《资本论》或者整个政治经济学批判基本任务就是为了廓清资本的逻辑。马克思在“《资本论》第1版序言”中指出，“问题本身并不在于资本主义生产的自然规律所引起的社会对抗的发展程度的高低。问题在于这些规律本身，在于这些以铁的必然性发生作用并且正在实现的趋势。”❸ 所以，在“资本论时期”，马克思的兴趣已经不是表层化的生产效率和财富规模，也不是社会范围内的阶级对抗的数量和程度，而是现代社会深层的运行机理。与此相应，恩格斯也指出：“政治经济学是现代资产阶级社会的理论分析”，❹ 而“资本和劳动的关系，是我们全部现代社会体系所围绕旋转的轴心”，❺ 这便是著名的“第二个发现”的思想内核，“剩余价值规律”便是资本主义文明背后那个神秘的“隐德莱希”。

---

❶《1844年经济学哲学手稿》，人民出版社2000年版，第71页。
❷《1844年经济学哲学手稿》，人民出版社2000年版，第82页。
❸《马克思恩格斯选集》第2卷，人民出版社2012年版，第82页。
❹《马克思恩格斯选集》第2卷，人民出版社2012年版，第6页。
❺《马克思恩格斯选集》第2卷，人民出版社2012年版，第70页。

马克思的分析表明，商品是现代文明的经济细胞，但是，如果只停留于显性的商品生产和交换，那么，我们依然无法触及到问题本身，马克思认为，使资本得以可能的根本秘密在于劳动力成为商品，在这个意义上，劳动者已经不是一个简单的生产要素或生产变量，它代表了剩余劳动本身，正是因此，资本主义生产过程就是剩余价值的产生过程，这一过程既是人的需要的实现、欲望的满足和社会财富的增加过程，也是资本主义基本矛盾的自我展现和不断积累的过程，所以，通过对剩余价值的分析，马克思彻底廓清了资本主义文明的辩证性质，只有在这一维度，我们才能体会到整个国民经济学家的浅薄以及资本主义文明的伪善。

恩格斯指出："文明每前进一步，不平等也同时前进一步。随着文明而产生的社会为自己所建立的一切机构，都转变为它们原来的目的的反面。"❶ 作为一种高级形态的生产方式和社会制度，资本主义对于推进人类文明和社会进步具有无可争辩的意义，但这只是问题的一面，因为在另一面，资本的背后是私有制，资本关系服从于私有制关系，所以，我们的目光必须聚焦到使资本得以可能的经济制度中去，这是资本主义文明危机的现实根源所在。当然，就后果而言，在造成人和自然、人和人关系紧张的同时，资本主义必然会产生一种异质性力量，这种力量的理论表现就是以唯物史观为理论原则的政治经济学批判，其现实表现就是以科学社会主义为政治原则的共产主义运动。在这个意义上，资本原理是资本主义的原理，共产主义原理代表了对这一原理的批判和克服，这种批判和克服的必要性存在于历史唯物主义基本原理及其科学性质之中，这为我们分析世界历史条件下中国道路的文明性质提供了科学的理论依据。

三、马克思主义与中国道路的文明自觉

马克思主义文明观是一种超越了资本主义文明的科学的文明观，

---

❶ 《马克思恩格斯选集》第 3 卷，人民出版社 2012 年版，第 518 页。

其在哲学上批判了启蒙的抽象理性主义，并基于对资本逻辑的分析将对文明问题的分析置于唯物史观的基本原理之上。其理论内涵主要体现为：(1) 文明不是从来就有的，人的存在需求、生产方式和交往方式是文明得以可能的根源，正是因此，我们才会对文明进行形态学的划分，所谓的采集文明、狩猎文明、农业文明、工业文明和商业文明其实就是对人类生存方式的理论写照。(2) 文明之间存在差异性和互补性，不同时代的文明和同一时代的不同文明之间确实存在差异，但是，这种差异是生产方式的差异，这种差异是历史的具体的差异，而不是永恒的不可变的差异，这种差异完全可以通过生产方式和劳动工具的交流去互补和弥合，从而实现生产方式和劳动水平的共同进步。

人类的文明史其实就是对马克思主义文明观的有力说明。一方面，人类的文明发展确实不平衡，这使文明之间的交往成为可能，只不过这种交往往往表现为和平交往和战争交往两类形式；另一方面，文明盛衰的秘密源于人的物质需要和社会生产，生产力是文明"分化—冲突—转型—整合"的根本力量，现代工业文明表现的是人类的生产能力，而与之相关的商业文明表现的是工业化基础上的人类交往能力，工业文明与商业文明的结合使资本逻辑得到强化并使地域历史成为世界历史，因而，现代文明的自觉和转型就存在于对资本逻辑的体认之中。

进一步看，中西社会是基于不同的生产基础、制度基础和文化基础而进入现代社会的，这种天生的不平衡（尤其是中国的经济落后）意味着中国必然要遭受资本文明的压制和剥削。在这种世界历史的意义上，马克思和恩格斯认为，中国革命实际上代表了资本逻辑的外部展开。

对于甲午战争，恩格斯就指出，"在中国进行的战争给古老中国以致命的打击。闭关自守已经不可能了；即使是为了军事防御的目的，也必须敷设铁路，使用蒸汽机和电力以及创办大工业。这样一来，旧有的小农经济的经济制度，以及可以容纳比较稠密的人口的整个陈旧的社会制度也都在逐步瓦解。”[1] 恩格斯的意思很明确，以小农经济为主的中国传统农业文明在强大的工业文明面前缺乏抵抗力。与之相应，对于鸦片战争，马克思认为，这是英国工业文明与小农经济和家庭手工业相结合的中国农业文明遭遇的必然结果，无论是最初的鸦片贸易还是后来扩大口岸后大量的西方工业品的入关，以及以此为借口强加于中国政府的各种不平等条约的签订，表面上看起来是“文明国家”（暗指英国）的“无奈之举”（暗指贸易逆差），实际上是欺世盗名。“作为帝国政府，它假装同违禁的鸦片贸易毫无关系，甚至还订立禁止这种贸易的条约。可是作为印度政府，它却以强迫孟加拉省种植鸦片，使该省的生产力受到极大的损害；它强迫一部分印度莱特种植罂粟，用贷款的办法引诱另一部分印度莱特也去种植罂粟。”[2] 可见，英国政府的鸦片贸易实际上资本扩张的现实结果，而不是为了给中国带去所谓的文明。

可见，在现代文明的起点上，中国与西方存在不平衡性，所以，中国必须在社会主义革命之后进行社会主义建设，其中，革命解决的是上层建筑问题，建设解决的是物质基础问题。在此意义上，邓小平所谓的“改革是中国的第二次革命”和“改革开放是决定中国命运的一招”可谓抓住了问题的实质，[3] 而习近平提出的“改革开放是决定当代中国命运的关键一招”[4] 更是体现了与邓小平的一脉相承。当然，改革的实质是夯实中国发展的物质基础，与此同时，调整与之不相适应的生产关系，让市场在资源配置中起决定性作用，通过更好发挥政府作用，提升治理体系和治理能力的现代化，达到完善和发展中国特色社会主义制度的目的。由此可见，中国的“革命—建设—改革”具有连贯性，这种连贯性必须通过马克思的社会基本矛盾理论来解释，反过来说，中国道路的文明自觉其实就是对马克思主义社会基本矛盾

---

[1] 《马克思恩格斯选集》第 4 卷，人民出版社 2012 年版，第 655 页。
[2] 《马克思恩格斯文集》第 2 卷，人民出版社 2009 年版，第 635 页。
[3] 《邓小平文选》第 3 卷，人民出版社 1993 年版，第 113、368 页。
[4] 《习近平谈治国理政》，外文出版社 2014 年版，第 71 页。

理论的自觉，因为在根本上，中国共产党的执政规律和社会主义的建设规律都服从于马克思所揭示的人类社会发展规律。

因此，在马克思主义文明观的指引下，中国道路的文明自觉具有辩证意蕴。一方面，我们依然需要重视资本的力量，尤其是要充分发挥资本在解放和发展生产力方面的巨大潜能，使其对于中国经济的提质增效发挥更大的作用，在此基础上，我们必须深化供给侧结构性改革，通过盘活国际国内两个市场来建设现代化的经济体系，进而实现经济强国的目标；另一方面，市场经济是资本主义文明的产物，私有化是其制度背景，个体主义是其文化背景，这两大特性使其与中国的政治制度和文化国情存在明显冲突，所以，中国需要克服现代西式文明的弊端，在制度层面，我们需要巩固公有制经济基础；在思想层面，我们需要巩固马克思主义在意识形态领域的指导地位；在实践层面，我们需要坚定对中国特色社会主义的道路自信。

基于这种文明自觉，中国道路已经让我们看到，文明不仅是个文化概念，也是个经济概念，文明既包括物质文明，也包括精神文明，甚至包括政治文明和生态文明，在此意义上，中国的现代化既不是对西式现代化的机械复制，也不可能是对传统文化的保守回归，而是在中西文化汇通的基础上对人类当代文明的新拓展和新塑造，新时代中国特色社会主义事业必然蕴含着这种文明创新的可能性。

原文刊于《理论视野》，2017 年第 11 期

后 记

在进行哲学革命并确立新的世界观之际，马克思曾经这样说道："全部社会生活在本质上是实践的。凡是把理论引向神秘主义的神秘东西，都能在人的实践中以及对这种实践的理解中得到合理的解决。"❶众所周知，马克思在表达自己实践哲学的立场时，其理论批判的目标主要是整个旧唯物主义哲学，这种哲学只知道感性，而不知道人的感性活动；只知道直观，而不知道直观的现实基础。所以，真正的马克思主义必然意味着对全部的社会生活进行实践化的理解，而在马克思逝世之后，恩格斯更是自觉地将马克思的这一思想贯穿于对历史问题的分析，从而使历史唯物主义获得了更为深远和科学的基础，这使得我们对历史的实证化解释成为可能。

作为一名专注于研究马克思主义历史理论的青年学者，自 2007 年入读复旦大学开始，本人开始系统地研读并学习马克思主义创始人的经典著作和思想方法中所包含的历史理论和历史思想方法。2010 年入职中央党校哲学部之后，本人更是有意识地联系中国共产党的历史来解读中国共产党人的历史思维，以此实现对马克思主义方法论中国化的某种现实研究，这样做的目的无非是在中国问题及其解救中实现对马克思主义历史意识的中国化理解。本书无疑是这一思想路径的阶段化呈现。

此外，促成此书成型并付印的另一个理由是，自 2015 年 6 月到 2016 年 7 月，本人曾在浙江省台州市椒江区人民政府挂职锻炼一年。

❶ 《马克思恩格斯文集》第 1 卷，人民出版社 2009 年版，第 501 页。

在奔赴挂职岗位之际，本人曾有一个明确的问题意识，即基层干部要不要讲思想方法？除了一般的哲学思维和思想方法之外，历史意识对于党员干部权力观、事业观和政绩观的塑造有何必要意义？当然，在干好本职工作的同时，本人也有意识地对中共党史和中国共产党的主要领导人的历史思维进行了系统研读。经由这种理论和实践的双重历练，本人认为，历史思维应该成为每一位党员领导干部必备的思维素养，历史思维是我们理解并实现民族复兴的思想指引。另外，在历史已经被随意戏说和穿越的当下，我们一定要看到，今天的中国来自于历史的中国，今天的中国共产党来自于历史的共产党，尊重历史并不是为了否定当下。但是，无视历史甚至歪曲历史则完全可以让当下变得毫无意义，而这种自我否定恰恰是历史虚无主义盛行的思想根源，所以，要真正地批判历史虚无主义，就必须让史实说话，而不是被各种光怪陆离的意见牵着走。并且，我们还原史实的目的最终是呈现人类历史的发展规律、社会主义的建设规律和中国共产党的执政规律，无视或者否定这些规律，整个中华民族伟大复兴的历史格局和进程就会付诸东流。

当然，思想的耕耘固然是自己的事情，但是，诚如马克思所言："人的本质不是单个人所固有的抽象物，在其现实性上，它是一切社会关系的总和。"[1] 如果没有家人、亲友、师长和领导长期的关心和支持，我也很难腾出时间来完成这本著作。此外，知识产权出版社的石红华和纪萍萍同志为此书的出版也付出了较多劳动，在此一并感谢！

2018 年 10 月 16 日于大有庄

[1] 《马克思恩格斯文集》第 1 卷，人民出版社 2009 年版，第 501 页。